CRIMES CONTRA A ORDEM TRIBUTÁRIA
Medidas Acautelatórias

B813c   Braga, Aureo Rogério Gil

        Crimes contra a ordem tributária: medidas acautelatórias / Aureo Rogério Gil Braga, Renato Vinhas Velasques. – Porto Alegre: Livraria do Advogado Editora, 2008.

        166 p.; 23 cm.

        ISBN 978-85-7348-536-3

        1. Sonegação fiscal. 2. Crime do colarinho branco. I. Velasques, Renato Vinhas. II. Título.

                        CDU – 336.2.04

        Índices para o catálogo sistemático:

Sonegação fiscal   336.2.04
Crime do colarinho branco   336.2.04

(Bibliotecária responsável: Marta Roberto, CRB-10/652)

Aureo Rogério Gil Braga
Renato Vinhas Velasques

CRIMES CONTRA A ORDEM TRIBUTÁRIA
Medidas Acautelatórias

Porto Alegre, 2008

©
Aureo Rogério Gil Braga
Renato Vinhas Velasques
2008

Capa, projeto gráfico e diagramação
Livraria do Advogado Editora

Revisão
Rosane Marques Borba

Direitos desta edição reservados por
Livraria do Advogado Editora Ltda.
Rua Riachuelo, 1338
90010-273 Porto Alegre RS
Fone/fax: 0800-51-7522
editora@livrariadoadvogado.com.br
www.doadvogado.com.br

Impresso no Brasil / Printed in Brazil

Sumário

Nota dos Autores 7

I – A prisão preventiva 9

II – Quebra de sigilo bancário 29

III – O seqüestro de bens e a hipoteca legal 61

IV –A busca e apreensão... 93

V – A interceptação das comunicações telefônicas e dos sistemas de informática e telemática...119

VI – Quebra de sigilo fiscal..139

Nota dos autores

Quando há cerca de treze anos fomos convidados pelo Exmo. Sr. Procurador-Geral de Justiça para atuar na área dos crimes contra a ordem tributária, não imaginávamos que iríamos tanto nos entusiasmar com o trabalho a ser realizado e, muito menos, que permaneceríamos tanto tempo na condução dessa importante tarefa. De lá para cá, foram vários os embates no enfrentamento ao crime e, por envolver o poder econômico, a luta sempre foi difícil. Então, a partir disso, surgiu a idéia de sistematizar a experiência e os conhecimentos adquiridos, proporcionando um instrumental para um combate mais efetivo ao crime fiscal.

Não é demais ressaltar que esta espécie de delito se insere na vertente da macrocriminalidade e, ao lado da corrupção, tráfico de drogas, pirataria e lavagem de dinheiro, dentre outros, coloca em risco o Estado de Direito. Os recursos públicos que deveriam ser canalizados para as grandes áreas de interesse da coletividade acabam por ser desviados e vão parar "no bolso" do criminoso do colarinho-branco. Sujeito este, sem qualquer comprometimento social, que, sorrateiramente e muitas vezes presente no cenário político, não impõe revólver, mas concorre para as mazelas da sociedade, corroendo a esperança de dias melhores.

Com isso, ocorre um círculo vicioso, onde o Estado não encontra caminho para sequer se estruturar e cumprir com as suas obrigações. Sob outro ângulo, o enfrentamento nesta seara penal busca resguardar os princípios fundamentais, vinculados aos valores sociais do trabalho e, principalmente, a livre iniciativa (art. 1º, IV, da Constituição Federal). Neste escopo, voltar-se ao resguardo de tais princípios, implica a manutenção da concorrência leal e da ordem econômica, pois o mercado competitivo instaura iguais exigências e vantagens aos contribuintes. Isso é salutar para a convivência harmoniosa entre as empresas e a circulação de riquezas na economia, bem como para não se fomentar o senso de impunidade.

Assim, numa área com relevantes interesses e com imensa dificuldade à persecução penal, exige-se o exame da legislação que possa viabilizar a eficaz protetividade das ordens pública e econômica, o resguardo da prova e o ressarcimento do dano. Este conjunto de medidas é o instrumental posto à disposição para a defesa daqueles valores constitucionalmente erigidos. Dentre eles, as medidas cautelares criminais revestem-se de suma importância e, num primeiro momento, traz-se à discussão a prisão preventiva, a quebra de sigilo bancário, o seqüestro e a busca e apreensão. Ferramental indispensável que deve ser utilizado com a visão de que se lida com a macrocriminalidade e os valores apregoados.

Um trabalho que produza resultados junto ao combate às fraudes que solapam o erário não pode prescindir de um ataque aos crimes fiscais, mas, também, não se pode descurar de um sentimento otimista de que é possível edificar uma sociedade onde o interesse público e privado convivam harmoniozamente.

— I —

A PRISÃO PREVENTIVA

Aureo Rogério Gil Braga

Sumário: 1. Introdução; 2. Natureza jurídica; 3. Hipóteses autorizadoras e o entendimento jurisprudencial perfilhado à sua decretação.

1. Introdução

Inicialmente, faz-se necessário fazer uma breve digressão sobre o conceito, o alcance e o forte extrato social oriundos da repressão aos crimes contra a ordem tributária. Pois, ao falar sobre esta espécie delitiva, não há como se restringir a abordagem à mera ocorrência de um crime, mas um agir criminoso ofensivo a uma componente essencial da vida em sociedade: a cidadania. Mesmo porque, a supressão ou a redução de tributo caracteriza evidente desvio do dinheiro pertencente a toda coletividade, frustrando a satisfação das despesas decorrentes do pacto político estabelecido. É esta consciência de um dever voltado à reciprocidade social que permite edificar a noção de cidadania e de estado. A cidadania, enquanto ente individual que aceita os termos de cooperação social, onde participa, delibera e aceita as benesses e o ônus decorrente da vida em sociedade. O estado, por sua vez, como expressão da autoridade democrática e corolário das esferas de participação do poder político.

Nesta ótica, pode-se identificar a imbricação de dois momentos afeitos aos crimes fiscais.

O primeiro, estereótipo circunscrito a uma visão negativa, constantemente avocado à disseminação de uma vontade legislativa voltada à descriminalização. Material legiferante consubstanciado numa série de medidas tendentes a enfraquecer a expressão criminosa destas condutas, das quais, sem a pretensão de analisá-las, individualmente, podem ser exemplificadas:

a) a extinção da punibilidade pelo pagamento (art. 34 da Lei 9.249/95);

b) a tentativa da vinculação da instância judicial ao encerramento do procedimento administrativo fiscal (art. 83 da Lei nº 9.430/96), a qual sucumbiu com o julgamento da ADIN nº 1.571;

c) a decisão majoritária (votos) corporificada no Habeas Corpus nº 81.611, do Supremo Tribunal Federal;

d) a possibilidade da substituição das penas privativas de liberdade até 04 anos por penas restritivas de direito (art. 44 do Código Penal);

e) os programas de refinanciamento de dívidas fiscais[1] (REFIs – Leis nºs 9.964/2000 e 10.684/2003), e

f) as disposições limitativas do exercício da atividade fiscal e das atribuições do Ministério Público à persecução destas espécies delitivas, ambas inseridas no Projeto do Código do Contribuinte em tramitação no Congresso Nacional (Projeto de Lei do Senado Federal nº 646/99).

A partir desta visão descriminalizante, denota-se o campo fértil ao vicejamento de um contexto fático propício à disseminação dos crimes fiscais junto da macrocriminalidade, a saber: o uso de "laranjas ou testas-de-ferro", as "empresas de fachada", a crescente ocorrência de falências criminosas, a facilidade no manuseio e abertura de contas bancárias, a lavagem de dinheiro, os paraísos fiscais, a formação de quadrilhas ou organizações criminosas voltadas a tais práticas, etc.

Um tal pernicioso plano onde as responsabilidades tributária e patrimonial sempre são moldadas de maneira a recair em pessoas que não dispõem de qualquer patrimônio pessoal ou o menor propósito de satisfazê-las, arcando a sociedade com os prejuízos advindos.

O outro momento inerente aos crimes fiscais diz respeito a um despertar de consciência decorrente da danosidade destas condutas lesa-pátria e dos nefastos efeitos advindos da proliferação deste malsinado

---

[1] Sobre a ilegalidade da aplicação dos refinanciamentos à condutas que corporificam crimes contra a ordem tributária, este autor remete a artigo de sua lavra: BRAGA, Aureo Rogério Gil. *Da inaplicabilidade da Lei 10.684/2003 às condutas criminosas perpetradas contra a ordem tributária ("REFIS II")*. Publicado e disponibilizado nos sites: O Neófito (www. neofito.com.br) e Jus Navigandi (www.jus.com.br)

proceder, culminando, agora, com a edição de legislações voltadas ao resguardo da cidadania, da economia, dos fundos públicos comuns, em suma, dos valores que resguardam a coexistência da vida em sociedade, arrolando-se mais marcadamente:

a) a Lei Antitruste (Lei nº 8.884/94);

b) a Lei dos Crimes do Colarinho Branco (Lei nº 7.492/86);

c) a Lei que Define os Crimes de Lavagem de Dinheiro e Ocultação de Bens (Lei nº 9.613/88);

d) a Lei que dispõe sobre Medidas Protetivas nas Organizações Criminosas (Leis nºs 9.034/95 e 10.217/01);

e) a possibilidade de decretação da prisão preventiva em resguardo da ordem econômica (art. 312 do CPP);

f) disposição legal que permite a custódia preventiva nos crimes contra o sistema financeiro nacional em razão da magnitude da lesão (art. 30 da Lei 7.492/86);

g) Lei 9.807/99 e o Decreto nº 3.518/00, estabelecendo normas para a organização e a manutenção de programas especiais de proteção a vítimas e a testemunhas ameaçadas;

h) Quebra do Sigilo Bancário (anterior art. 38 da Lei 4.595/64 e atual Lei Complementar nº 105/2001 – "Dispõe sobre o sigilo das operações de instituições financeiras e dá outras providências");

i) Ainda, no tocante a organizações criminosas: a delação premiada,[2] o acesso a dados, documentos e informações bancárias, financeiras e eleitorais (Lei 9.034/95); a captação e a interceptação de sinais eletromagnéticos, óticos ou acústicos, e o seu registro e análise, ambas passíveis de serem obtidas mediante circunstanciada autorização judicial (Lei 10.217/01), e a interceptação de comunicações telefônicas de qualquer natureza (Lei 9.296/96).

Deste repositório legal, emerge evidente a periculosidade dos comportamentos delituosos atacados, pautados, especialmente, por um agir inescrupuloso, haja vista que pouco importa a crise geral a estes delinqüentes, pois buscam antes as vantagens pessoais e dão azo ao aflorar do típico crime do "colarinho branco" ou da denominada "macrocriminalidade". Tal criminalidade prima pelo *modus operandi* e a dificuldade

---

[2] A delação premiada é um poderoso instrumento no combate à macrocriminalidade junto aos delitos fiscais, estando prevista nas Leis nºs 8072/90; 9034/95; 9613/98; 9807/99, e 10409/02. Ainda, pela relevância deste instituto, merece destaque, dentre outras, a construção jurídica descrita no acórdão a seguir:

de constatação e de descoberta, tornando os malfeitores arrojados na forma de agir. Descabe, assim, falar na simples ocorrência de um crime fiscal, pois, em verdade, a partir deste divisor de águas exsurgem os crimes fiscais envoltos com a macrocriminalidade, exigindo-se uma pronta resposta jurisdicional em resguardo da estabilidade social com uma percuciente avaliação acerca da necessidade de decretação da prisão preventiva em resguardo das ordens pública e econômica.

Aliás, esta visão dos crimes contra a ordem tributária por um prisma macro encerra o reconhecimento das organizações criminosas, sobre o qual, com maestria, o Professor Rodolfo Tigre Maia,[3] em *O Estado De-*

---

[3] Superior Tribunal de Justiça: Habeas Corpus nº 41758/SP 2005/0021580-9 Relator(a) Ministro Hamilton Carvalhido (1112) Órgão Julgador: Sexta Turma. Data do Julgamento 07.11.2006. Publicação/Fonte DJ 05.02.2007, p. 386. Ementa: *HABEAS CORPUS.* TRÁFICO DE ENTORPECENTES. DIREITO PENAL E DIREITO. PROCESSUAL PENAL. ARTIGO 8º, PARÁGRAFO ÚNICO, DA LEI Nº 8.072/90. DELAÇÃO PREMIADA. NECESSIDADE DA EXISTÊNCIA DE QUADRILHA OU BANDO. PROGRESSÃO DE REGIME PRISIONAL. INCONSTITUCIONALIDADE DO ARTIGO 2º, § 1º, DA LEI Nº 8.072/90 DECLARADA PELO SUPREMO TRIBUNAL FEDERAL. ORDEM PARCIALMENTE CONCEDIDA. 1. A superveniência do julgamento da revisão criminal prejudica o pedido de aguardar o seu julgamento em liberdade. 2. A redução de pena prevista para os casos de delação de co-réu (artigo 8º, parágrafo único, da Lei nº 8.072/90), requisita a existência e o desmantelamento de quadrilha ou bando. 3. O Plenário do Supremo Tribunal Federal declarou, por maioria de votos, a inconstitucionalidade do parágrafo 1º do artigo 2º da Lei nº 8.072/90, afastando, assim, o óbice da progressão de regime aos condenados por crimes hediondos ou equiparados. 4. Declaração de voto do Relator com entendimento contrário. 5. Ordem parcialmente prejudicada e parcialmente concedida. MAIA, Rodolfo Tigre. *O Estado Desorganizado contra o Crime Organizado.* Rio de Janeiro: Lumen Juris, 1997, p. 27-34: "ORGANIZAÇÕES CRIMINOSAS: UMA TIPOLOGIA. 17. São incontáveis as OC em atuação no mundo. Adotando parcialmente, apenas para fins de ilustração, o mesmo critério usado por Donald Lavey, membro do FBI e dirigentes da INTERPOL, e acrescentando categorias adicionais consentâneas com nossa visão da matéria, podemos dividir as organizações criminosas em cinco grupos: a) o primeiro inclui organizações caracterizadas pela presença de "hierarquias estruturadas, regras internas de disciplina, códigos de ética e diversidade de negócios legais e ilegais (...)", nas quais já existe quase um equilíbrio entre as atividades ilícitas e as resultantes da infiltração em empresas e negócios legítimos, além de intensa atuação internacional e redução do nível de violência em prol do incremento da corrupção (...) b) o segundo grupamento pode ser designado por "organizações profissionais", "profissionais porque seus membros são especializados em uma ou duas atividades ilegais específicas (...) c) o terceiro grupo é formado por quadrilhas integradas ou comandadas por colarinhos brancos que se utilizam da criação de instituições financeiras, formalmente autorizadas ou não a funcionar pelo governo, como "fachada" para a prática de ilícitos no âmbito do sistema financeiro e da economia popular, ou, com a mesma finalidade aproveitam-se dos lugares chaves que ocupam em empresas legitimamente constituídas (...) d) o quarto grupo é o representado pela criminalidade do Estado, entendida não como o conjunto dos atos ilícitos (corrupção, concussão, etc.) praticados por funcionários públicos

sorganizado contra o Crime Organizado, discorreu com profusão magistral. Organizações criminosas que, analisadas nos estreitos limites deste trabalho, identificam-se pela mescla de atividades lícitas e ilícitas, tendente a mascarar o perfil e a empresa criminosa idealizada e concretizada.

2. Natureza jurídica

Dispõe o art. 312 do Código de Processo Penal que: "a prisão preventiva será decretada como garantia da ordem pública, ordem econômica, por conveniência da instrução criminal e para assegurar a aplicação da lei penal, quando houver prova da existência do crime e indício suficiente da autoria".

Dispositivo legal consubstanciador dos pressupostos e requisitos peculiares desta modalidade de segregação provisória, na bem apanhada lição de Tourinho Filho,[4] *verbis*:

> A prisão preventiva subordina-se a pressupostos, que são dois, e condições, que são quatro, e uma destas, ao menos uma, deve coexistir com aqueles dois. É sempre assim, sem exceção. Os pressupostos são a "prova da existência do crime" e os "indícios suficientes de autoria". Exige a lei prova da existência do crime. Não basta, pois, mera suspeita; a prova da materialidade delitiva é indispensável. Além da prova de existência do crime, a lei quer mais: "indícios suficientes de autoria". E na velha lição de Borges da Rosa, esses indícios "devem ser tais que gerem a convicção de que foi o acusado o autor da infração, embora não haja certeza disto. No entanto eles devem ser suficientes para tranqüilizar a consciência do Juiz" (*Processo penal*, cit., v. 2, p. 281).
> Esse dois pressupostos devem estar aliados a uma destas circunstâncias: a) garantia da ordem pública; b) conveniência da instrução criminal; c) garantia da ordem econômica; d) asseguração de eventual pena a ser imposta.

Contexto que permite antever a estrutura dorsal desta modalidade de segregação provisória. Primeiro, porque estabelece um compartimento processual distinto e não imiscuído nas demais possibilidades de prisão provisória: prisão temporária, prisão em flagrante, prisão em decorrência de sentença de pronúncia e prisão em decorrência de sentença penal condenatória recorrível. Modalidades de custódia provisória, por ora, distintas do específico objeto de indagação deste trabalho.

---

beneficiados individualmente por tais práticas, mas por organizações incrustadas no aparelho de estado para a prática de crimes (e. g. grupos de fiscais corruptos, grupos de extermínio composto por policiais) (...) e) o último e mais controvertido grupo congrega as organizações terroristas que permanecem em atuação, inclusive internacionalmente, praticando atentados contra pessoas e bens, muitas vezes com usos de explosivos (...)".

[4] TOURINHO Filho, Fernando da Costa. *Código de Processo Penal Comentado*. 3ª ed. São Paulo: Saraiva, 1998, p. 542.

Entrementes, a prisão temporária[5] é um meio de ação eficaz e de extrema utilidade na investigação e desbaratamento de toda cadeia criminosa voltada à supressão ou redução de tributos ou condutas afins. Pois, aliada a outros instrumentos como a ação controlada, a busca e apreensão de documentos impressos, manuscritos ou de equipamentos de informática e assemelhados, pode possibilitar o acesso a meios probatórias relevantes.

Neste contexto, faz-se necessário o decreto da prisão requerida e a interceptação telemática como medidas aptas ao completo deslinde do esquema, isto é, eficazes para a identificação do real alcance das práticas delitivas apontadas, seja em seu aspecto quantitativo (volume comercializado ilicitamente) ou subjetivo (indivíduos envolvidos no esquema). O primeiro permitirá que se estime o montante sonegado, bem como os prováveis reflexos ao objeto jurídico tutelado, dada a dimensão do comércio ilícito; enquanto o segundo possibilitará a identificação dos responsáveis pelas condutas criminosas.

No mais, deve-se realçar os contornos específicos às prisões privativas de liberdade definitiva e preventiva, impossibilitando-se confundir os efeitos genéricos daquela (repressão e prevenção) com o caráter instrumental desta medida (cautelar). Com efeito, na precisa lição de Paulo Rangel,[6] não há que se imiscuir um juízo de periculosidade com o de culpabilidade.

Estabelecida tal premissa, insta acrescer que a antevista possibilidade de decretação da prisão preventiva junto aos crimes contra a ordem tributária está direcionada ao cenário da macrocriminalidade e

---

[5] Habeas Corpus nº 26.832 – TO. 5ª Turma do STJ. Rel. Min. José Arnaldo da Fonseca. 16.12.2004.

[6] RANGEL, Paulo. *Direito Processual Penal*. Rio de Janeiro: Lumen Juris, 1999, p. 272: "A necessidade de outorgar-se, desde logo, a antecipação provisória e necessária no campo penal resume-se à privação da liberdade do indivíduo que, como sabemos, se condenado for, poderá detrair de sua pena o tempo que permaneceu provisoriamente preso (cf. art. 42 do CP). A prisão provisória ou cautelar não pode ser vista como reconhecimento antecipado de culpa, pois o juízo que se faz ao decretá-la é de periculosidade e não de culpabilidade. O Estado para que possa atingir o fim precípuo de sua atuação, ou seja, o bem comum, exige do indivíduo determinados sacrifícios para sua consecução e um deles é a privação de sua liberdade antes da sentença definitiva, desde que haja extrema e comprovada necessidade. O mestre Afrânio Silva Jardim corrobora nosso entendimento quando diz: "Hoje, não pode restar a menor dúvida de que a prisão em nosso direito tem a natureza acauteladora, destinada a assegurar a eficácia da decisão a ser prolatada afinal, bem como a possibilitar regular instrução probatória. Trata-se de tutelar os meios e os fins do processo de conhecimento e, por isso mesmo, de tutela da tutela." (*Direito Processual Penal*, 6ª ed., Rio de Janeiro: Forense, p. 255).

suas inferências e desdobramentos neste campo específico. Isto porque não é possível dar o mesmo tratamento legal para situações que exigem uma imediata resposta do poder de império da lei.

Em reforço a esta argumentação, traz-se à colação o excelente excerto do Professor Eduardo Frederico Andrade de Carvalho, em *Direito Tributário* (p. 218-281):[7]

> A prática reiterada e permanente de crimes do colarinho branco – no caso, sonegação fiscal – com grave repercussão financeira negativa ao erário, representa uma ameaça permanente à ordem pública, representando uma periculosidade silenciosa, maligna, amorfa e sub-reptícia alarmante que merece, por parte do Judiciário, uma enérgica e corajosa tomada de atitude para coibir, quando chamado a atuar dentro do devido processo legal, a prática desses delitos causadores da falência da Nação.
>
> Esse objetivo pertinaz de lesar os cofres públicos atenta, sem sombra de dúvida, contra os princípios básicos da Constituição Federal, contra os direitos e garantias fundamentais, contra os direitos sociais e até da organização dos poderes do Estado.

Insta, assim, aclarar a correspondência do conceito macro de crime junto da órbita tributária. Em poucas palavras, dir-se-ia que tal emerge da leitura fática presente na pretendida banalização do nosso cotidiano. Pois, a fraude, o conluio, o engodo, as falsidades material e ideológica, e a apropriação indébita viraram o instrumento voltado ao lucro fácil e o ganho desmesurado na seara tributária em detrimento dos cofres públicos. Onde, sob o pretenso manto da legalidade, verdadeiras estruturas empresariais criminosas atuam na economia, operando atividades lícitas e ilegais com o fito do ganho imediato e sem qualquer responsabilidade fiscal e social.

A título de delinear os contornos deste instituto, descreve o art. 315 do Código de Processo Penal, que o despacho que o decretar ou denegar será sempre fundamentado. Este exigência legal restou em consonância à nova ordem constitucional, nos termos da disposição a seguir:

> Art. 93. Lei complementar, de iniciativa do Supremo Tribunal Federal, disporá sobre o Estatuto da Magistratura, observados os seguintes princípios:
>
> [...]
>
> IX todos os julgamentos dos órgãos do Poder Judiciário serão públicos, e fundamentadas todas as decisões, sob pena de nulidade, podendo a lei limitar a presença, em determinados atos, às próprias partes e a seus advogados, ou somente a estes, em casos nos quais a preservação do direito à intimidade do interessado no sigilo não prejudique o interesse público à informação; (Redação dada pela Emenda Constitucional nº 45, de 2004).

---

[7] Citado por EISELE, Andreas. *Crimes Contra a Ordem Tributária*. São Paulo: Dialética, 1998, p. 227.

Esta fundamentação deve se ater às hipóteses autorizadoras da custódia preventiva (art. 312 – prova da existência do crime e indícios suficientes da autoria – e seguintes do Código de Processo Penal). E não se pode voltar a uma análise pormenorizada e exaustiva da participação específica de cada criminoso, tal como se fosse uma sentença condenatória, pois há que se conjugar o fator tempo com a necessidade da medida, e a crescente criminalidade.[8]

3. Hipóteses autorizadoras e o entendimento jurisprudencial perfilhado à sua decretação

Do contexto fático alinhado, e com fulcro no art. 312 do Código de Processo Penal, emerge a possibilidade da decretação da prisão preventiva das pessoas envolvidas com a prática delitiva inserida neste contexto maior (macrocriminalidade), como garantia das ordens pública e econômica, nos moldes acima dispostos e na explanação a seguir.

Primeiramente, deve-se evidenciar o nefasto nexo causal estabelecido entre o ilícito agir de uma estrutura disposta como uma empresa criminosa e os efeitos danosos à ordem pública. Conceito – ordem pública – voltado à ordenação, ao respeito e à autoridade da coisa (*res*) de todos (*publica*). Corolário direto do pacto político firmado e voltado à manutenção do corpo social, cristalizado no respeito aos princípios fundamentais da República Federativa do Brasil (art. 1º da Constituição Federal). Dos quais, tomada a diuturna ocorrência dos crimes lesa-pátria e o comprometimento da ordem pública, sobreleva evidenciar a afronta aos valores da livre iniciativa (inciso IV, do art. 1º, da Magna Carta) e como derivação deste ente a livre concorrência.

---

[8] Jornal Zero Hora, edição de 04.11.2007, sob o título "Por que eles não ficam presos", *verbis*: "Como artifícios jurídicos e diferentes interpretações do aparato legal contribuem para que a criminalidade não tenha fim ... Setembro começou com festa para policiais federais. O motivo foi a prisão, no dia 4, de 77 suspeitos de formar uma megaquadrilha de ladrões, receptadores e clonadores de carros roubados ou furtados, um dos crimes que mais atormentam os gaúchos, numa freqüência diária de 90 casos, em média. Pois as celebrações terminaram com sabor amargo. Todos os presos na operação denominada Patrimônio – a maior onda de prisões já realizada pela Polícia Federal (PF) no Estado – acabaram soltos em menos de um mês. Grande parte ficou apenas nove dias na cadeia. Os gaúchos tentam entender como uma das mais detalhistas operações da PF, cuja minúcia e competência são reconhecidas inclusive pelos advogados dos presos e pelos magistrados que atuam no caso, culminou com os suspeitos liberados antes mesmo do prazo que uma pessoa normal leva para ler as quase 4 mil páginas do inquérito. Só 11, que respondiam por outros crimes, continuaram presos passados nove dias da operação. O sistema é falho? Alguém falhou?".

Sobre tal, aliás, Ferreira Pinto,[9] magistralmente, leciona que tal protetividade emerge como decorrência dos princípios constitucionais da livre concorrência e da livre iniciativa, nos seguintes moldes:

O princípio da livre concorrência tem equivalência filosófica com o princípio da liberdade de iniciativa; é essencial para o funcionamento do sistema capitalista e da economia de mercado.

Carlo Barbier Filho ensina: A concorrência é elemento fundamental para o democrático desenvolvimento da estrutura econômica. É ela a pedra de toque das liberdades públicas do setor econômico. Concorrência é disputa, em condições de igualdade, de cada espaço com objetivos lícitos e compatíveis com as aspirações nacionais. Consiste, no setor econômico, na disputa entre todas as empresas para conseguir maior e melhor espaço no mercado.

Em outro enfoque, mister realçar que "inúmeras são as leis de natureza penal, tendo como objetividade jurídica a proteção econômica em geral, coibindo os crimes contra a ordem tributária, a ordem econômica, às relações de consumo, à economia popular etc." (STOCO, Rui. *Revista Brasileira de Ciências Criminais* nº 11 (1995): p. 223). Dita composição permite afirmar que as reiteradas práticas lesivas à ordem econômica em geral (gênero), vistas aqui sob a ótica do âmbito tributário (espécie), tem repercussão e desdobramento na seara penal. No mesmo sentido, leciona Andréas Eisele:[10]

A decretação da custódia, como medida necessária à manutenção da ordem econômica, foi introduzida como hipótese do art. 312 do CPP, pela Lei nº 8.884/94, a qual, na verdade, apenas ressaltou um aspecto da ordem pública, pois no conceito de ordem pública está inserida a ordem econômica, estando ainda inserida nesta a ordem tributária, em relação de espécie e subespécie do mesmo gênero.

Nesta ótica, tomada a ordem econômica em sentido estrito, isto é, como derivação daquele ente geral (ordem pública), os envolvidos com esta dimensão maior (macro) dos crimes fiscais tem causado danos de grande monta.

Isto porque, indevidamente, desrespeitam o princípio da livre concorrência (art. 170, inciso IV, da Carta Política), haja vista que, sonegando os tributos incidentes nas reais operações comerciais implementadas, diminuem os preços dos seus produtos, estabelecendo uma concorrência desleal com os empresários do ramo similar (art. 20, inc. I, da Lei 8.884/94). Na medida em que estes honestos empreendedores,

---

[9] PINTO, Ferreira. *Comentários à Constituição Brasileira*. V. 6, São Paulo: Saraiva, 1994, p. 245.

[10] *Op. cit..*, p. 226.

pautados por uma conduta íntegra e atentos às obrigações tributárias, agregam ao preço das suas mercadorias os tributos incidentes.

Ademais, a par destes desideratos criminosos, os envolvidos fomentam a cultura da impunidade e denotam um agir que configura o direcionamento das atividades de suas empresas ao acometimento dos suscitados delitos, criando quadrilhas[11] ou, numa tipologia mais recente, organizações criminosas que agem numa mescla de atividades lícitas e ilícitas e com grave comprometimento da ordem pública e seus desdobramentos. Nesta linha de entendimento, com o intuito de dar garantia à ordem econômica, faz-se, *data venia*, imperiosa a segregação provisória dos envolvidos com o acometimento de tais infrações penais silenciosas.

Mesmo porque, em relação a este tipo de criminalidade, faz-se necessária uma ação enérgica das autoridades constituídas, especialmente do Ministério Público e do Poder Judiciário, a fim de não se criar o falso juízo de que a lei foi feita somente para os delitos praticados pelos menos afortunados.

A essa idéia se agrega o aspecto fundamental de que os envolvidos com tais crimes agem de maneira reiterada, evidenciando uma despreocupação com qualquer reprimenda penal e um considerável grau de periculosidade. Com efeito, este agir criminoso e desmedido denota um grave comprometimento da ordem pública, protraindo-se no tempo e causando consideráveis sangrias aos cofres públicos.

Imagine-se, agora, aos olhos de uma específica comunidade o significado e o comprometimento da ordem pública e da órbita econômica por este malsinado proceder. Haja vista que esta apropriação criminosa, cujo *quantum* deve ser cotejado às forças arrecadatórias e econômicas do município de origem, certamente, é evidência cabal da perturbação da economia local, estabelecendo um paradigma nefasto na comunidade, ou seja, de que alguns indivíduos ocupam um elevado *status* social e corporificam um sinal exterior de riqueza ilícita, não obstante a lei lhes passa ao largo, sem qualquer reprimenda penal. E, a partir de então, estabelece-se um "padrão", um ideal a ser atingido: a cultura da impunidade e a da transgressão da ordem estabelecida (pública).

---

[11] TOURINHO Filho, Fernando da Costa, *op. cit.*, p. 542: "Ordem pública é a paz, a tranqüilidade no meio social. Assim, se o indiciado ou réu estiver cometendo novas infrações penais, ou se ele já vinha cometendo outras, sem que a Polícia lograsse prendê-lo em flagrante; se estiver fazendo apologia de crime, ou incitando ao crime, ou se reunindo em quadrilha ou bando, haverá perturbação da ordem pública".

Nessa linha argumentativa, sobreleva evidenciar os ensinamentos do Prof. Julio Fabbrini Mirabete:[12]

> Mas o conceito de ordem pública não se limita a prevenir a reprodução de fatos criminosos, mas também a acautelar o meio social e a própria credibilidade da justiça em face da gravidade do crime e de sua repercussão.
> A conveniência da medida deve ser regulada pela sensibilidade do juiz com a reação do meio ambiente à prática delituosa. Embora seja certo que a gravidade do delito, por si, não basta para a decretação da custódia, a forma e execução do crime, a conduta do acusado, antes e depois do ilícito, e outras circunstâncias podem provocar imensa repercussão e clamor público, abalando a própria garantia de ordem pública, impondo-se a medida como garantia do próprio prestígio e segurança da atividade jurisdicional.

De resto, faz-se imperioso destacar os perniciosos efeitos dos delitos de sonegação fiscal, cuja prevalência dos interesse públicos e os fundamentos da manutenção do Estado são afastados abruptamente por tais criminosos, formando uma verdadeira "cultura do interesse particular", tão veiculada pela mídia.

Aliás, num momento em que o Estado vê combalido os recursos voltados à satisfação de necessidades básicas (saúde, educação, etc.), não é crível a manutenção de um entendimento voltado ao reconhecimento deste delitos como aqueles não incluídos nos de ação violenta,[13] porquanto esta violência é silenciosa, sorrateira e perniciosa aos reclamos sociais, assumindo uma brutalidade presente aos olhos de todos. Tanto assim que o art. 30 da Lei dos Crimes Contra o Colarinho Branco, erigiu a magnitude da lesão como fundamento à decretação preventiva, permitindo-se antever o cabal reconhecimento da ofensa à ordem pública. Nesse sentido, a Colenda 5ª Turma do Egrégio Superior Tribunal de Justiça, em sede do julgamento do HC nº 13.845 e tendo como Relator o Ministro Felix Fischer, acolhendo os doutos excertos doutrinários do Ministro Carlos Velloso (pedido de reconsideração de concessão de liminar no HCPR nº 80.288/RJ – DJU de 02.08.2000), asseverou que:

> Com efeito, o conceito de ordem pública é variável no tempo e no espaço, deve ser examinado no contexto em que o julgador é obrigado a com ele deparar, sendo certo que a sociedade evoluiu no sentido de abandonar alguns critérios e optar por outros,

---

[12] MIRABETE, Julio Fabbrini. *Código de Processo Penal Interpretado*. 7ª ed. São Paulo: Atlas, 2000, p. 690.

[13] "Tratando-se de crime de sonegação fiscal, a existência da conduta criminosa não constitui motivo suficiente para autorizar o decreto de prisão preventiva, mormente pelo fato de que aquele delito, pela sua própria natureza, não se inclui no elenco dos denominados crimes de ação violenta". (Habeas Corpus nº 3.931/RJ – Relator: Exmo. Sr. Ministro Vicente Leal – 6ª Turma do STJ).

que acabem por servir de base aos valores que procura preservar, bem como em grau o que fazer.

Dispõe, ainda, o artigo 30 da Lei 7.492/86 que: Sem prejuízo do disposto no artigo 312 do Código de Processo Penal, aprovado pelo Decreto-Lei nº 3.689, de 3 de outubro de 1941, a prisão preventiva do acusado da prática de crime previsto nesta Lei poderá ser decretada em razão da magnitude da lesão causada.

E o juízo monocrático, por sua vez, assim fundamentou: Sob este prisma, a magnitude da lesão é mais um dos elementos que servem à delimitação do conteúdo da ordem pública abalada e que se pretende resguardar, já que ocorreu num cenário socioeconômico em que se impõe toda sorte de sacrifícios à esmagadora maioria da população brasileira, com todo tipo de privações, carências, perdas, opressões e desalento, ao passo que se concebe a utilização de vasta quantia de dinheiro público para salvar instituições financeiras que operavam de forma temerária e fraudulenta e sem razões legais e concretas para fazê-lo.

O conceito de ordem pública assume, assim, contornos precisos e é realimentado pela estabilidade e garantia das instituições voltadas à defesa do regime democrático e da estabilidade social, tendo os seus alicerces dispostos pelos princípios fundamentais elencados na Carta Republicana.

Ademais, recentemente especializada no julgamento de crimes tributários no Estado do Rio Grande do Sul, a 4ª Câmara do Tribunal de Justiça, ciente de seu papel de guardião da lei e da sociedade, decretou a prisão preventiva em sede do Habeas Corpus nº 70002321156, por maioria de seus integrantes, em 26 de abril de 2001, por garantia das ordens pública e econômica, aduzindo:

DES. CONSTANTINO LISBÔA DE AZEVEDO – Ocorre que não posso concordar com esse posicionamento que vem sendo adotado pelo eminente relator, qual seja: se a pena decorrente da condenação será cumprida em regime semi-aberto, a decretação da prisão preventiva, sempre em regime fechado, é ilegal.

São dois dispositivos distintos, que não guardam relação entre si. A prisão preventiva somente exige a observância dos requisitos expressos em lei, inexistindo ressalva quanto ao regime ou a quantidade da pena a ser aplicada. O regime carcerário apenas será estabelecido após a sentença condenatória, não tendo a menor ligação com a segregação provisória acontecida durante a instrução.

Cabe verificar, então, se estão presentes as condições necessárias para a decretação da custódia cautelar. Nada mais do que isso.

Diz o decreto de prisão preventiva da lavra da Dra. Munira Hanna: Os fatos descritos na denúncia são extremamente graves e há indícios suficientes da materialidade bem como da autoria pelos denunciados. A ação desses ocasionou grave dano à coletividade pela sonegação de tributo estadual de ICMS no montante de R$ 3.832.256,15 , até 8 de novembro de 2000, conforme dados trazidos pelo Ministério Público. fl. 31. A pena a ser aplicada é de reclusão, com aumento em razão da continuidade delitiva e ao grave dano à coletividade.

Não há como negar que, ante a gravidade do delito praticado que ofende a ordem pública e econômica, o Estado deixou de arrecadar o ICMS que lhe é devido e, com isso, deixou de aplicar o imposto em áreas que dele necessitam, cumprindo seu papel junto à sociedade. Torna-se necessário o decreto de prisão dos acusados, pois em liberdade poderão voltar à prática de suas ações, ocasionando mais prejuízos à sociedade, e, ainda, para não possibilitar o incentivo à prática de tais delitos. Registro que os denunciados têm seus nomes vinculados a inquéritos policiais, com fortes indícios na adulteração de combustíveis pela mistura de solventes, álcool, combustíveis e substâncias afins.

De outra forma, também se impõe o decreto prisional para assegurar a aplicação da lei penal, possibilitando o cumprimento das determinações legais, evitando que os denunciados se afastem, tornando impossível o cumprimento da lei penal. A de se convir que o abalo social é grande bem como a repercussão na sociedade, porém os fatos devem ser esclarecidos e a lei deve ser aplicada a todos os envolvidos, afastando-se a impunidade.

É exatamente isso, nada restando a acrescentar.

Na verdade, não há qualquer constrangimento ilegal, visto que o paciente está preso em razão de prisão preventiva, cujo decreto está muito bem fundamentado, presentes os requisitos legais, sendo irrelevante que o cumprimento da pena, no caso de uma eventual condenação, venha a ocorrer em regime semi-aberto.

Dessarte, mais uma vez pedindo vênia ao eminente Relator, torno sem efeito a liminar e denego a ordem de habeas corpus.

DES. ARISTIDES DE ALBUQUERQUE NETO – Estou numa situação delicada, porque, depois das argumentações brilhantes e antinômicas dos votos do eminente Relator e eminente Revisor, realmente é difícil posicionar-se. Mas a minha tarefa fica facilitada porque nós temos outros precedentes em que já divergi ... referente à natureza, e as características, às causas da prisão preventiva e à sua comparação com a prisão que eventualmente será o regime prisional que será aplicado no caso de condenação.

Concordo com os argumentos expendidos pelo Des. Constantino a respeito. Penso que não deve nem ser vislumbrado o regime. O requisito da prisão é eminentemente a sua necessidade. Só a alta necessidade justifica a preventiva, com aquelas finalidades de garantia da ordem pública, ordem econômica, de aplicação da lei penal e de garantia da instrução.

A magistrada Munira Hanna fundamentou bem o decreto de custódia preventiva e encontrou elementos de ofensa à ordem pública, de ofensa à ordem econômica pela ação dos pacientes e, além disso, também penso que a preventiva vai, sim, neste caso, assegurar a aplicação da lei penal.

Ao início da argumentação do Dr. Tovo, preocupei-me com a questão da adulteração da gasolina porque isso revela, sim, sinaliza, no meu sentir, a tendência dos pacientes para a atividade criminosa grave.

E é essa atividade que tem de ser repelida pela Justiça criminal neste país. Como garantir a ordem pública? Garantindo ao povo que a Justiça criminal está atuando, e assim está atuando a democracia.

Então, vejo, por todas as questões, os vários sinalizadores aqui da necessidade de manter-se o decreto de prisão.

Crimes contra a Ordem Tributária – Medidas Acautelatórias

Na mesma linha argumentativa, destacam-se, também, a sapiência e o brilhantismo presentes nas ementas dos v. acórdãos do Egrégio Pretório Gaúcho, a seguir transcritas:

> Macrocriminalidade. Delinqüência econômica decorrente de múltiplas atividades ilícitas praticadas por pessoas socialmente destacadas e, por isso, incensadas pela mídia, pelos formadores de opinião e pelos grupos econômicos que estimulam e "sacralizam uma cultura sem ética", cabendo ao Poder Judiciário, quanto instado a decidir, não se omitir, respondendo, fortemente "ante a miséria nacional, a pobreza sem dignidade, as crianças sem esperanças e os velhos abandonados" punindo aqueles que, reiterada e criminosamente, impedem que o Estado realize seu fim último (Embargos Infringentes nº 69070805, 1º Grupo Criminal, julgado em 25.08.95, RJTJRS 176/67 – Transcrição parcial).

> HABEAS CORPUS – PRISÃO PREVENTIVA – SONEGAÇÃO FISCAL – Prisão preventiva decretada para garantia da ordem pública e para assegurar a aplicação da lei penal, em se tratando de crime de sonegação fiscal, sendo expressiva a imputação das infrações, é justificada, pelo precedente de evasão de pessoa em condição análoga, e para evitar a repetição dos ilícitos ou do incentivo criminoso. Habeas Corpus nº 691050413.

E, no corpo deste acórdão, o voto do saudoso Des. Alaor A. W. Terra, que com objetividade observava:

> Portanto, tranqüilamente, denego a ordem, pelas considerações no douto decreto de prisão preventiva, também para garantia da ordem pública, pois nós sabemos que a garantia da ordem pública tem um leque, pelo menos de três pontas: (1) quando há agitação social- e o Supremo, agora, quase criou uma quarta ponta, quando cuidava deste problema, que era a periculosidade do réu diante da crueldade da violência do crime – (2) porque o réu pode cometer novo crime, repetir a conduta, ou, então (3) aquele fator criminógeno, quer dizer, a liberdade entusiasma outros a procederem de modo igual, porque não houve reação do Poder Judiciário diante daquela fraude à lei.
>
> Assim, não concedo a ordem de habeas corpus, pois entendo que está bem assentado o decreto de prisão preventiva.

Como já decidiu o STJ, "as circunstâncias de primariedade, bons antecedentes e domicílio fixo, por si sós, não constituem motivos bastantes para ilidirem o decreto da medida preventiva, se na fundamentação da mesma se infere a necessidade da custódia para assegurar a ordem pública e aplicação da lei penal" (RHC nº 1.815, D. J. de 13.04.92, e, recentemente, Habeas Corpus nº 84341 (28.09.2004) e nº 84192 (18.05.2004).

Demais disso, as condições pessoas do agente (primariedade, residência fixa, ocupação lícita ...) não elidem o encarceramento provisório,[14] uma vez calcada em outros elementos dos autos,[15] tais como: o fornecimento de vários endereços inverídicos, a constituição de patronos sucessivos e demais atos tumultuários do processo, a fuga do distrito da culpa.[16] Desta peça judicial, avulta transcrever o voto do Exmo. Sr. Ministro José Arnaldo da Fonseca (Relator):

> Em outras palavras, a pretensão do *mandamus* alicerça-se em afirmar o descompromisso da decisão constritiva com a realidade do Paciente: homem de boa índole, cumpridor dos seus deveres e, sobretudo, cônscio dos ônus processuais decorrentes da ação penal. A despeito dessas avaliações pessoais, basta-se analisar os fatos de forma perfunctória para se concluir que o contexto é outro. Ao contrário do que disse, a prisão preventiva não só se fez necessária como, no decorrer do andamento processual, comprovou-se eficiente aos desejos da sociedade. Com efeito, o réu teve a prisão decretada em setembro de 2001, e só foi cumprida em agosto deste ano, o que demonstrou a sua intenção de evadir-se do distrito da culpa, em detrimento do bom transcurso da *persecutio criminis*. Não só isso. No ato da prisão, a autoridade policial encontrou em seu poder documentos falsos de identificação, com os quais pretendia vencer os limites do território brasileiro. Patente, também, a sua personalidade voltada para as atividades ilícitas e desvinculada da atividade do homem de bem. Por mais esses motivos, e antevendo situações vindouras de descumprimento do ordenamento jurídico, a cautela se mostrou oportuna e condizente com os parâmetros legais. Nesse sentido, por sinal, a manifestação contida no parecer do ilustre representante ministerial, afigura-se-nos intacável, merecendo a devida citação nos seguintes trechos (fls. 321/2): "Não se vislumbram elementos hábeis à concessão do *writ* e, por via de conseqüência, de liberdade provisória ao ora paciente. Em primeiro lugar, porque trata-se de decretos prisionais plenamente fundamentados (fl. 94 e fl. 96). Em segundo lugar, não há nos autos fato novos que ensejem a revogação da prisão preventiva. Deve-se salientar que, conforme se depreende dos autos, toda a atividade comercial do paciente era ilícita e sua empresa, criminosa. A supressão de tributos atinge a elevadíssima soma de quase R$ 55.000.000 (cinqüenta e cinco milhões de reais!). Estes fatos, por si só revelam a *periculosidade* do agente e embasam a sua segregação. Ademais, as inúmeras falsificações praticadas e a criação de empresas laranjas para acobertar as falcatruas do paciente são indícios mais do que suficientes para demonstrar, de forma nítida, o seu potencial "criativo" de se furtar à aplicação da lei penal e que, à toda evidência, pode ser utilizado para *destruir* pistas relevantes para a apuração do crime comprometendo a eficácia da instrução. A propósito, salienta Memorial do combativo *Parquet*, que o paciente": [...] obteve e utilizava falsa documentação – carteira

---

[14] HC 37224 – São Paulo: 5ª Turma do STJ, Rel. Min. Gilson Dipp (15.02.05). RE 540789 – TO, 5ª Turma do STJ, Rel. Min. José Arnaldo da Fonseca (02.12.04). HC 36078 – São Paulo: 5ª Turma do STJ, Rel. Min. Gilson Dipp (03.11.05).

[15] RHC 17022 – SP. 5ª Turma do STJ, Rel. Min.Laurita Vaz, 26.10.04.

[16] Habeas Corpus nº 19.909 – RS (2001/0194741-0). Relator: Ministro José Arnaldo da Fonseca. 17 de dezembro de 2002: Ementa: "PROCESSUAL PENAL. *HABEAS CORPUS*. CRIME CONTRA A ORDEM TRIBUTÁRIA. QUADRILHA. PRISÃO PREVENTIVA. ALEGAÇÃO DE FALTA DE REQUISITOS. RÉU QUE PROCEDEU À FUGA DO DISTRITO DA CULPA. DEMONSTRAÇÃO DE PERSONALIDADE CRIMINÓGENA. ORDEM DENEGADA".

de identidade nº 4985616-2 (expedida pela SSP-SC/Joinville), CPF nº 047060899-48, e título de eleitor nº 0832603206-39 (Justiça Eleitoral de Curitiba/PR) –, nos quais se identificava como [...], em detrimento da identificação própria: [...] Mediante este ardil, buscava atribuir a troca da letra ("n" por "r" – [...] ao invés de [...]) e a supressão de um nome (Jacinto) como um erro casual, todavia, o verdadeiro local de expedição dos documentos (Porto Alegre-RS),a filiação legítima, bem como os corretos números da carteira de identidade, CPFs e do título eleitoral, evidenciam a fraude veiculada. Além do mais, mister aludir que o acusado teve o original CPF nº [...] baixado pela Receita Federal, e com o malsinado agir obteve o falso CPF nº [...], valendo-se do codinome: [...]. E, o pior, articulava iminente saída do Brasil, com a inequívoca vontade de se furtar à aplicação da lei penal e à instrução criminal, pois relatou aos policias que o conduziram até o Rio Grande do Sul (fls. 4 do relatório de serviço), ter feito reserva na VARIG para Milão (Itália). Acresce, ainda, o fato de [...] (pseudo nome) ter se matriculado e estar freqüentando um curso de "Italiano I para o 2º/Sem./02" (recibo anexo), na Universidade do Vale do Itajaí (UNIVALE), evidências cabais da fuga arquitetada e em curso." Ressalte-se, ainda, que o paciente *esteve foragido* durante parte da instrução, criando óbices, assim, à pronta e eficaz ação da justiça. Os fatos, destarte, conspiram contra a tese de que o paciente não fugiria novamente. Principalmente, porque estamos falando de pessoa abastada, com maiores possibilidades de empreender nova fuga, o que acarretaria conseqüente procrastinação do feito Não se trata, aqui, de mera presunção, Nobre Relator, mas de um juízo de *probabilidade* bastante forte, haja vista que nos últimos anos de nossa história vários *exemplos concretos* do que acima se afirma têm sido amplamente noticiados pelos telejornais das grandes redes de televisão, deixando claro que réus com grande poder econômico são capazes de se manter escondidos *por meses a fio*, mesmo sob intensos esforços da Polícia Federal e da própria INTERPOL, desenvolvidos no sentido de localizá-los.Sob tais considerações e uma vez reputados presentes os requisitos do artigo 312 do CPP, levando em conta, ainda, o clamor público causado, mostra-se necessária a custódia cautelar do paciente para a garantia da ordem pública e econômica assim como para a segurança da aplicação da pena.

Demais disso, o reconhecimento da macrocriminalidade na seara fiscal com a formação de quadrilha[17] e a prática de falsidade ideológica[18]

---

[17] Habeas Corpus nº 70007762586. TJRS. 4ª Câmara Criminal. Ccrimes de sonegação fiscal e quadrilha ou bando. Pacientes denunciados por sonegação fiscal e quadrilha ou bando. Inviável o trancamento parcial da ação penal para excluir a imputação do art. 288 do CP. Não demonstrada inequivocamente a atipicidade dessa conduta, que está a exigir exame aprofundado da prova, o que não pode ser feito em hábeas. Ordem denegada.

[18] Habeas Corpus nº 70011321924. 4ª Câmara Criminal. Rel. Des. Gaspar Marques Batista. 28 de abril de 2005. *Habeas corpus*. sonegação fiscal. prisão preventiva. Tendo em vista o grave prejuízo causado ao erário público e a complexidade da organização criminosa, deve ser mantida a segregação cautelar, para garantia da ordem pública e econômica. Ordem negada. Destacando-se da v. decisão: "Paralelamente à sonegação fiscal, os denunciados teriam inserido declarações falsas em contratos e constituído 02 empresas no Uruguai – reconhecido paraíso fiscal – valendo-se de "laranjas" para assinarem documentos de cessão e transferência de ações às empresas de fachada, com o fito de dissimular as ações criminosas desenvolvidas na gestão da General Meat Food Exp. e

– laranjas, empresas fantasmas, *off-shores*, – têm sedimentado a jurisprudência dos Tribunais Estaduais,[19] STJ[20] e STF[21] pela manutenção da prisão preventiva.

O registro alusivo às empresas *off-shores*[22] não é o de vinculá-las sempre com a atividade ilícita, mas o de que são constituições societárias que podem ser desvirtuadas e com o intento criminoso serem instrumentos à macrocriminalidade. Pois, mais das vezes, os acusados na mesma trilha dos crimes fiscais perpetrados, inserem declarações falsas em contratos e constituem empresas no Uruguai ou paraísos fiscais

---

Imp. Ltda. e estabelecimentos afins. Ainda, teriam constituído uma "empresa gestora" no mesmo endereço da General Meat Food Exp. e Imp. Ltda e realizado uma verdadeira "confusão patrimonial" entre as empresas brasileiras e estrangeiras".

[19] *Habeas Corpus*. sonegação fiscal. prisão preventiva. Tendo em vista o grave prejuízo causado ao erário público e a complexidade da organização criminosa, deve ser mantida a segregação cautelar, para garantia da ordem pública e econômica. Ordem negada.

[20] HC 49194/SP. 2005/0177525-3. Relator Ministro Napoleão Nunes Maia Filho (1133). Órgão Julgador T5 – Quinta Turma. Data do Julgamento 26.06.2007. Data da Publicação/Fonte DJ 06.08.2007 p. 549. *HABEAS CORPUS* SUBSTITUTIVO DE RECURSO ORDINÁRIO. CRIME DE SONEGAÇÃO FISCAL E FORMAÇÃO DE QUADRILHA. TRANCAMENTO DA AÇÃO PENAL. DELITO DE QUADRILHA OU BANDO. AUTONOMIA DELITIVA. ALEGAÇÃO DE FALTA DE JUSTA CAUSA. INEXISTÊNCIA. ORDEM DENEGADA. [...] 2. Não obstante a anulação do lançamento tributário, em razão da adesão da fundação ao SIMPLES, acarretar a suspensão da pretensão punitiva estatal no que tange aos delitos tributários, tal providência não implica a ausência de justa causa para o processo por crime formação de quadrilha. 3. O crime de quadrilha ou bando é autônomo ou formal, ou seja, sua consumação se dá com a convergência de vontades e independe da punibilidade ulterior dos delitos visados. 4. As informações trazidas na denúncia e consignadas no acórdão recorrido são suficientes, no caso em tela, para autorizar um juízo positivo de admissibilidade, propiciador da persecução penal pelos crimes imputados aos pacientes. 5. A peça acusatória trouxe a descrição clara dos fatos com todas suas circunstâncias e elementos, de forma a viabilizar, de maneira real e efetiva, a ampla defesa ao acusado, não havendo o que se falar em inépcia da denúncia [...]

[21] HC 84223/RS – RIO GRANDE DO SUL. Relator: Min. EROS GRAU. Julgamento: 03.08.2004. Órgão Julgador: Primeira Turma. Publicação. DJ 27.08.2004 p. 71. Ementa: *HABEAS CORPUS* SUBSTITUTIVO DE RECURSO ORDINÁRIO. CRIME DE SONEGAÇÃO FISCAL. ADESÃO AO REFIS. PARCELAMENTO DO DÉBITO. SUSPENSÃO DO PROCESSO. DELITO DE QUADRILHA OU BANDO. FALTA DE JUSTA CAUSA. AUSÊNCIA. CRIME FORMAL. 1. A suspensão do processo relativo ao crime de sonegação fiscal, em conseqüência da adesão ao REFIS e do parcelamento do débito, não implica ausência de justa causa para a persecução penal quanto ao delito de formação de quadrilha ou bando, que não está compreendido no rol taxativo do artigo 9º da Lei 10.684/03. 2. O delito de formação de quadrilha ou bando é formal e se consuma no momento em que se concretiza a convergência de vontades, independentemente da realização ulterior do fim visado. Ordem denegada.

[22] Vide o tópico deste autor sobre o seqüestro.

afins, titulando-as em nome de "laranjas" para assinarem documentos de cessão e transferência de ações às empresas de fachada, tudo com os olhos voltados à dissimulação das práticas criminosas idealizadas e consumadas desenvolvidas na empresa sediada no Brasil e cujas cotas-sociais ou ações são de propriedade da *off-shore*.

Neste rumo, destacando os perniciosos efeitos do concurso material estabelecido entre os crimes fiscais, a formação de quadrilha e a falsidade ideológica, avulta destacar o v. acórdão do Superior Tribunal de Justiça[23] (HC 74699 – RS, 5ª Turma do STJ, Rel. Min. Laurita Vaz (28.06.07):

> 2. O Paciente é acusado de coordenar um grupo criminoso extremamente organizado para, inibindo a fiscalização fazendária, cometer inúmeros crimes contra a ordem tributária, cujo prejuízo ao erário público chega a 4.000.000,00 (quatro milhões de reais), ressaltando-se, inclusive, que ele responde a inúmeros procedimentos e processos criminais em decorrência de delitos semelhantes.
>
> 3. O decreto de prisão preventiva foi satisfatoriamente motivado ao salientar a necessidade da segregação do acusado para se preservar a ordem pública e econômica, evitando, assim, a reiteração e a continuidade da atividade ilícita.
>
> 4. Ao contrário do que afirma o Impetrante, não se trata de argumentação abstrata e sem vinculação com os elementos dos autos, vez que se demonstrou no decreto prisional os pressupostos e motivos autorizadores da medida, elencados no art. 312 do Código de Processo Penal, com a devida indicação dos fatos concretos justificadores de sua imposição, nos termos do art. 93, inciso IX, da Constituição Federal.
>
> 5. A magnitude da quantia sonegada e desviada pela quadrilha, da qual o Paciente é o mentor, revela a periculosidade da organização criminosa, impondo ao Poder Judiciário pronta atuação, para a cessação do prejuízo público.
>
> 6. Precedentes do Superior Tribunal de Justiça.
>
> 7. Ordem parcialmente conhecida e, nessa parte, denegada.

Embora discrepe das linhas sustentadas nas linhas deste articulado, bem como da doutrina e jurisprudência dominante assentada no meio jurídico, impende registrar o entendimento minoritário firmado por um dos Ministros da Corte Suprema, sustentando que a prisão pre-

---

[23] *HABEAS CORPUS*. PROCESSUAL PENAL. CRIMES CONTRA A ORDEM TRIBUTÁRIA, FALSIDADE IDEOLÓGICA, FORMAÇÃO DEQUADRILHA. ALEGAÇÃO DE DE NULIDADE DO PROCESSO-CRIME ANTE O NÃO-EXAURIMENTO DA ESFERA ADMINISTRATIVA. PLEITO NÃO SUSCITADO E, TAMPOUCO, APRECIADO PELO TRIBUNAL *A QUO*. IMPOSSIBILIDADE DE EXAME. SUPRESSÃO DE INSTÂNCIA. PRISÃO PREVENTIVA DO PACIENTE SATISFATORIAMENTE FUNDAMENTADA NA GARANTIA DA ORDEM PÚBLICA E DA ORDEM ECONÔMICA. RÉU QUE INTEGRAVA A LIDERANÇA DA ORGANIZAÇÃO CRIMINOSA. MAGNITUDE DA LESÃO AO ERÁRIO QUE EXIGE PRONTA ATUAÇÃO DO PODER JUDICIÁRIO. PRECEDENTES DO STJ.

ventiva não se coaduna com os princípios constitucionais da presunção de inocência e da ampla defesa.[24]

Mesmo porque, os fins colimados à prisão o preventiva são outros que não a antecipada execução da pena, como sustentado no corpo deste acórdão.

Ao par disso, esta modalidade de segregação provisória busca o resguardo da prova e de que o réu não frustre a aplicação da lei penal. E, no caso específico, o acusado frustrou porque tão logo obteve o beneplácito da liberdade fugiu do Brasil, voltou à terra de origem e somente foi preso porque foi acionado todo o aparato legal e a cooperação internacional.[25] Mas, fica o registro dos perniciosos efeitos do senso de

---

[24] Supremo Tribunal Federal. HC 80288 MC/RJ – Rio de Janeiro. Relator Min. Marco Aurélio. Pacte. : Salvatore Alberto Cacciola. Imptes. : Antônio Carlos de Almeida Castro e Outros. Coator : Relator do HC n° 13349 de Superior Tribunal de Justiça. Julgamento 14.07.2000. Publicação DJ 01.08.2000. Despacho: Decisão – LIMINAR *HABEAS CORPUS* – ATO INDEFERITÓRIO DE LIMINAR EM IDÊNTICA MEDIDA – ADMISSIBILIDADE CONSTITUCIONAL. PRISÃO PREVENTIVA – EXCEPCIONALIDADE E COMPATIBILIDADE COM O SISTEMA CONSTITUCIONAL NÃO VERIFICADAS – LIMINAR DEFERIDA. Nesta senda, consta no corpo deste acórdão: "O instituto da prisão preventiva coloca-se no campo da absoluta excepcionalidade. O certo, o constitucional é aguardar-se a formação da culpa após haver o acusado exercido, em toda a plenitude, o direito de defesa. Pedagógica é a Carta da República ao revelar algo que decorre, até mesmo, do princípio da razoabilidade, da presunção do que normalmente se verifica, da impossibilidade de inverter-se a ordem natural das coisas, assentando-se conclusão somente passível de ser alcançada ao término da instrução penal, após desincumbir-se o Ministério Público do ônus processual de comprovar, de forma robusta, a culpa do acusado. Impossível é esquecer que 'ninguém será considerado culpado até o trânsito em julgado de sentença condenatória' (inciso LXVII do artigo 5° da Constituição Federal). É essa a óptica que deve estar presente toda vez que enfrentado requerimento do Ministério Público visando a prender-se este ou aquele acusado".

[25] Folha Online. 15.09.2007 – 15h07: "Ex-banqueiro Salvatore Cacciola é preso em Mônaco. O ex-dono do banco Marka, Salvatore Cacciola, foi encontrado e preso pela Interpol em Mônaco. A Polícia Federal foi informada na manhã deste sábado da prisão pelas autoridades de Mônaco. A prisão ocorreu porque agentes da Polícia Federal emitiram um alerta de difusão vermelho, avisando a Interpol que ele é foragido. O Ministério da Justiça deve agora providenciar o pedido de extradição do ex-banqueiro, que será analisado pelas autoridades de Mônaco. Salvatore Cacciola, dono do banco Marka, durante depoimento no Senado Cacciola foi condenado em 2005 a 13 anos de prisão em processo movido na 6ª Vara Criminal Federal, do Rio de Janeiro. A pena refere-se aos crimes de peculato (ou utilizar-se do cargo exercido para apropriação ilegal de dinheiro) e gestão fraudulenta. O banco Marka quebrou com a desvalorização cambial de 1999. Na contramão do mercado, o Marka e o banco FonteCindam haviam assumido pesados compromissos em dólar. O banco de Cacciola, por exemplo, apostou na estabilidade do real e tinha 20 vezes seu patrimônio líquido comprometido em contratos de venda no mercado futuro de dólar".

impunidade e do clamor da população sobre os grandes escândalos que abalam o país.

Por resto, imperioso destacar que a sociedade brasileira, ao tomar conhecimento dos vultosos escândalos econômicos, financeiros, políticos e afins, denota uma profunda revolta pela apropriação criminosa do patrimônio público nacional, dos quais, se incluem os crimes de sonegação fiscal, emergindo um sentimento de repulsa e a necessidade de reposição da justiça, da dignidade humana e dos vínculos sociais. Tal resgate social, contudo, somente viabilizar-se-á através de uma ação enérgica de todo o espectro das autoridades e na manutenção das instituições políticas, sociais e econômicas.

— II —

QUEBRA DE SIGILO BANCÁRIO

Renato Vinhas Velasques

Sumário: 1. Origem; 2. Conceito; 3. O sigilo bancário – óticas constitucional e legal; 3.1. Ótica constitucional; 3.2. Ótica infraconstitucional; 4. Sigilo bancário – direito absoluto ou relativo; 5. Princípios; 5.1. Princípio da verdade real; 5.2. Princípio da inquisitoriedade; 5.3. Princípio da autoridade natural; 5.4. Princípio da motivação; 6. Legitimação para a quebra do sigilo bancário; 6.1. Poder Judiciário; 6.2. Comissão parlamentar de inquérito – Poder Legislativo; 6.3. Ministério Público; 6.4. O Fisco; 7. Natureza jurídica; 8. Competência; 9. Procedimento; 10. Prova ilícita; 11. Defesa contra a indevida quebra de sigilo bancário; 12. Conclusão.

1. Origem

Por mais que perscrutemos os horizontes da história, como diz Abrão,[1] não conseguiremos estabelecer determinada época para o surgimento do sigilo bancário, razão pela qual os autores pretendem situá-lo em tempos imemoriais, afirmando que o segredo bancário tem raízes profundas na tradição. Entretanto, embora não se possa afirmar quando teve início o sigilo bancário, na verificação da história do serviço bancário percebe-se uma íntima relação entre este e a religião. Na antiguidade, informa Barreto,[2] os templos eram não só o local para as cerimônias religiosas, como também para a guarda do dinheiro e da prática das atividades bancárias. Covelo[3] refere uma fase de domínio eclesiástico, caracterizada pela organização da operação bancária sob

---

[1] ABRÃO, Nelson. *Direito Bancário*. São Paulo: Revista dos Tribunais, 1988, p. 51.

[2] BARRETO *apud* BELLINETTI, Luiz Fernando. *Limitações Legais ao Sigilo Bancário, Direito do Consumidor*, São Paulo: Revista dos Tribunais, 1996, vol. 18, p. 143.

[3] COVELLO, Sérgio Carlos. *O Sigilo Bancário – Particular Enfoque na sua Tutela Civil*, São Paulo: Leud, 1991, p. 9-21.

forma de empresa, daí resultando a criação dos Bancos de São Jorge (1147), São Marcos (1171) e Gênova (1345). Essa fase incorporou na ética do negócio o sigilo bancário.

No Brasil, destacou Hungria[4] em 1958, a fonte de obrigação deste segredo era o próprio contrato entre o banco e o cliente, ainda que não expressa cláusula nesse sentido. O segredo bancário, em nosso país, apareceu na legislação pela primeira vez em 1964, no art. 38 da Lei nº 4.595, onde foi legalmente determinado que as instituições financeiras conservarão sigilo em suas atividades.

2. Conceito

A expressão "sigilo" quer dizer o que não pode ser informado, divulgado, ou conhecido e "bancário" significa atividade desenvolvida pelos bancos e demais instituições financeiras. Assim, sigilo bancário consiste na impossibilidade das instituições financeiras, inclusive dos seus funcionários ou empregados, divulgarem a terceiros qualquer informação concernente a dados que disponham quanto ao usuário de seus serviços. O sigilo bancário, segundo Wald,[5] consiste na obrigação de discrição imposta aos bancos e aos seus funcionários, em todos os negócios dos seus clientes, abrangendo o presente e o passado, os cadastros, a abertura e o fechamento de contas e a sua movimentação.

3. O sigilo bancário – óticas constitucional e legal

3.1. Ótica constitucional

Na análise da Carta Magna não se constata o emprego da expressão sigilo bancário em seu texto. Todavia, em razão do disposto no art. 5º, X, da CF, a doutrina majoritária (Wald,[6] Covello,[7] Fregadolli,[8] Navar-

---

[4] HUNGRIA, Nelson. *Comentários ao Código Penal*, Rio de Janeiro: Forense, 1958, p. 271 e 272.

[5] WALD *apud* QUEIROZ, Cid Heraclito. O Sigilo Bancário, *Revista Forense*, São Paulo, 1995, vol. 329, p. 45.

[6] WALD, Arnoldo. O Sigilo Bancário no Projeto de Lei Complementar de Reforma do Sistema Financeiro, *Cadernos de Direito Tributário e Finanças Públicas*, São Paulo: RT, 1992, vol. 1, p. 200.

[7] COVELLO, Sérgio Carlos. O Sigilo Bancário como Proteção à Intimidade, *Revista dos Tribunais*, São Paulo, 1989, vol. 648, p. 27.

[8] FREGADOLLI, Luciana. *O Direito à Intimidade e a Prova Ilícita*, Belo Horizonte: Livraria Del Rey, 1998, p. 73.

ro,[9] Vidigal[10] e Dias,[11]dentre outros) e os Tribunais pátrios passaram a entender que o sigilo bancário está inserido no direito fundamental da intimidade, a saber: "X – são invioláveis a intimidade, a vida privada, a honra e a imagem das pessoas, assegurado o direito a indenização pelo dano material ou moral decorrente de sua violação".

Em outras palavras, essa corrente afirma que conhecer a "movimentação" bancária implica conhecer os dados pertinentes ao denominado direito de privacidade do cliente, isto é, o seu dia-a-dia, negócios, intenções, convicções políticas e religiosas, etc.

Há, ainda, o entendimento de que o segredo bancário é inviolável, pois no art. 5°, XII, da CF há referência ao sigilo de dados e este, na palavra de Martins,[12] hospeda o sigilo bancário, isto é, a expressão "dados" é gênero, do qual o "bancário" é espécie. Fregadolli[13] e Wald[14] também têm a opinião de que tal sigilo está contemplado nesse inciso.

Outra corrente doutrinária, todavia, entende que o sigilo bancário não está tutelado pelo art. 5°, XII, da CF, porque, como diz Saraiva Filho,[15] a interpretação deve ser no sentido de que inviolável é o direito da pessoa de não ter a ação de sua comunicação de dados interceptada, não, os dados em si mesmos." No mesmo sentido convergem Marques[16] e Carvalho.[17]

Em verdade, o que se veda é a devassa do conteúdo da comunicação de dados e não das informações que já estão na instituição financeira e já são de seu conhecimento. Aqueles autores esquecem-se de que o

---

[9] NAVARRO, Rogério de Paiva. O Ministério Público e o Sigilo Bancário – Anotações ao art. 8° da LC 75/93, *Revista da Procuradoria-Geral da República*, São Paulo, RT, 1995, n° 6, p. 183.

[10] VIDIGAL, Geraldo Facó. Hipóteses de Quebra de Sigilo Bancário, *Revista da Faculdade de Direito Milton Campos*, Belo Horizonte: Arnaldo Oliveira, 1995, vol. 2, p. 125-138.

[11] DIAS, José Carlos. Sigilo Bancário – Quebra – Requisições da Receita Federal e do Ministério Público, *Revista Brasileira de Ciências Criminais*, São Paulo: Revista dos Tribunais, 1995, n° 11, p. 240.

[12] MARTINS, Ives Gandra. Sigilo Bancário em Matéria Fiscal, *Cadernos de Direito Tributário e Finanças Públicas*, São Paulo: RT, 1995, n° 12, p. 71.

[13] FREGADOLLI, Luciana, obra citada, p. 116.

[14] WALD Arnoldo. Sigilo Bancário e os Direitos Fundamentais, *Cadernos de Direito Tributário e Finanças Públicas*, São Paulo: RT, 1998, n° 22, p. 20 e 21.

[15] SARAIVA FILHO, Oswaldo Othon de Pontes. O Sigilo Bancário e o Fisco (Uma Análise Constitucional), *Interesse Público*, n° 10, 2001, p. 97.

[16] MARQUES, Carlos Alexandre. A Natureza do Pedido de Quebra de Sigilo Bancário e Fiscal, *Revista dos Tribunais*, São Paulo: RT, 1997, vol. 736, p. 537.

[17] CARVALHO, Roosevelt Batista de. O Ministério Público e o Sigilo Bancário. Uma Crítica a duas decisões Judiciais, *Ciência Jurídica*, Salvador, vol. 80, 1998, p. 405.

diploma constitucional mencionou, claramente, os termos "comunicações de dados".

3.2. Ótica infraconstitucional

O sigilo bancário, segundo Hungria,[18] existiu em decorrência do contrato firmado entre o banco e o cliente, mesmo que não houvesse cláusula expressa. A sanção penal para quem violasse o sigilo era a do art. 154 do Código Penal: "Revelar alguém, sem justa causa, segredo, de que tem ciência em razão de função, ministério, ofício ou profissão, e cuja revelação possa produzir dano a outrem: Pena – detenção, de 1 (um) a 6 (seis) meses, ou multa".

O legislador referiu-se ao sigilo bancário, expressamente, em 31 de dezembro de 1964, quando aprovou a Lei nº 4.594, conhecida como Lei da Reforma Bancária, que em seu art. 38 determinou: "As instituições financeiras conservarão sigilo em suas operações ativas e passivas e serviços prestados." No § 7º deste diploma legal foi estabelecida a pena de reclusão, de um a quatro anos, para quem viesse a violar o sigilo. Posteriormente, no art. 18 da Lei nº 7.492/86, que definiu os crimes contra o sistema financeiro nacional, apareceu outra vez o sigilo bancário assim: "Violar sigilo de operação ou de serviço prestado por instituição financeira ou integrante do sistema de distribuição de títulos mobiliários de que tenha conhecimento, em razão de ofício: Pena – Reclusão, de 1 (um) a 4 (quatro) anos, e multa".

Em 3 de maio de 1995 passou a vigorar a Lei nº 9.034, que dispõe sobre a utilização de Meios Operacionais para a Prevenção e Repressão de Ações Praticadas por Organizações Criminosas. No artigo 2º, III, constou: "Art. 2º Em qualquer fase de persecução criminal que verse sobre ação praticada por organizações criminosas são permitidos, além dos já previstos na lei, os seguintes procedimentos de investigação e formação de provas: III – o acesso a dados, documentos e informações bancárias ...".

Após a vigência da Constituição de 1988 os Tribunais passaram a decidir que o art. 38 da Lei nº 4.594/64, disciplinador do sigilo bancário e de sua quebra, foi recepcionado pela nova ordem constitucional e com a natureza de lei complementar.

Essa, em síntese, é a legislação infraconstitucional que fez expressa menção ao sigilo bancário no período anterior à existência da Lei Com-

---

[18] HUNGRIA, Nelson, obra citada., p. 271.

plementar n° 105/2001, que "Dispõe sobre o sigilo das operações de instituições financeiras e dá outras providências."

4. Sigilo bancário – direito absoluto ou relativo

O sigilo bancário pode ou não ser violado? O Supremo Tribunal Federal[19] e o Superior Tribunal de Justiça[20] têm decidido que o sigilo bancário não é um direito absoluto, mas deve ceder frente aos interesses da justiça e do interesse público.

Assim, objetivando-se esclarecer a autoria e/ou existência de crime, o direito individual do sigilo em questão – intimidade – não prevalece perante o interesse da justiça e da sociedade de que ocorra a *quebra*. A propósito é pertinente referir a decisão do STF,[21] trecho do voto do Min. Celso de Mello, no Inq. n° 897/DF, que deve nortear o deferimento de quebra, nos termos que seguem (in RTJ 157, p. 58): "A quebra do sigilo bancário – ato que se reveste de extrema gravidade jurídica – só deve ser decretada, e sempre em caráter de absoluta excepcionalidade, quando existentes fundados elementos de suspeita que se apóiem em indícios idôneos, reveladores de possível autoria de prática delituosa por parte daquele que sofre a investigação penal realizada pelo Estado". O sigilo[22] é garantia do cidadão em relação ao arbítrio do poder público, mas não pode se constituir em garantia para a delinqüência.

5. Princípios

Alguns princípios norteiam a quebra do sigilo bancário, dentre os quais merecem destaque os que seguem.

5.1. Princípio da verdade real

Durante a fase investigatória ou na órbita judicial pode haver a necessidade de esclarecimentos no tocante à autoria e/ou materialidade, o que poderá ensejar a quebra do sigilo bancário do investigado ou de-

---

[19] *Revistas Trimestral de Jurisprudência*, vols. 148 e 157 , respectivamente p. 367-369 e 45-51.

[20] Recurso Ordinário n° 97/0081734-2, in DJ de 29.6.1998, p. 242.

[21] No AI-AgR 655298, DJ de 28.9.2007, p. 57, o STF decidiu: "O sigilo bancário, espécie de direito à privacidade protegido pela Constituição de 1988, não é absoluto, pois deve ceder diante dos interesses público, social e da justiça."

[22] LOVATO, Alécio Adão. *Crimes Tributários*, Porto Alegre: Livraria do Advogado, 2000, p. 189.

nunciado. São exemplos: para comprovar que a conta de terceira pessoa estava sendo utilizada para esconder o "caixa dois" de uma empresa; que uma pessoa é a verdadeira dirigente de uma pessoa jurídica, onde foram praticados ilícitos.[23]

Tais esclarecimentos só serão alcançados pela referida quebra e o que lhe motiva é a apuração da verdade real, isto é, que a verdade venha à tona, mas nos limites traçados pela Constituição e leis. Não foi outra a decisão do STJ,[24] ao vislumbrar indícios de crime fiscal, no sentido de que de um lado está o interesse público e do erário e do outro o direito individual do investigado ao sigilo de dados de sua intimidade, devendo este ceder, para que a verdade real seja descoberta, no interesse de toda a coletividade.

5.2. Princípio da inquisitoriedade

O contraditório (art. 5°, LV, da CF) não prevalece na fase da investigação criminal, que tem a natureza inquisitiva, conforme já teve oportunidade de decidir o Colendo Supremo Tribunal Federal, cuja ementa é parcialmente transcrita: "Inquérito. Agravo Regimental. Sigilo Bancário. Quebra. Afronta ao art. 5°, X e XII, da CF: Inexistência. Investigação criminal. Contraditório". E, na fundamentação do aresto,[25] constou: "Esta casa repetidamente – e com bons motivos – tem dito que o princípio não prevalece na fase inquisitorial (HHCC 55.447 e 69.372-5; RE 136.239, inter alia)". Isto é, na órbita investigatória criminal, caso ocorra a quebra do sigilo bancário, não há mister de dar ciência ao investigado.

Aliás, outro não é o sentido do contido no art. 5°, LV, da Constituição Federal, que confere aos litigantes, em processo judicial ou administrativo, e aos acusados em geral o contraditório e a ampla defesa, com os meios e recursos a ela inerentes. Ora, por hipótese, estando uma investigação em andamento e que necessita da quebra do sigilo bancário e depois de outras diligências complementares (como a identificação do criminoso, a sua prisão e seqüestro dos valores existentes em conta, etc.), a cientificação daquela ao autor do ilícito só irá dificultar e frustar

---

[23] O STF, nos autos do Inquérito Policial n° 1.769, em decisão monocrática do Min. Carlos Velloso, em 13/8/2001, determinou a quebra do sigilo bancário de um Senador da República, conforme noticiário da Internet daquele Tribunal, sob o argumento da verdade real e no interesse da justiça, bem como para a identificação, objetiva, dos beneficiários do esquema de desvio de verbas.

[24] RESP 286.697, DJ de 11.06.2001, p. 126.

[25] RTJ 157, p. 44-51; No mesmo sentido o HC 85.088/ES,

o trabalho da autoridade. Diferente, no entanto, é quando já há processo criminal, com acusação formal ao réu decorrente de denúncia, porque aí já há acusado, e este deve ser intimado das decisões processuais em obediência ao princípio do contraditório.

5.3. Princípio da autoridade natural

O Constituinte estabeleceu: "ninguém será processado nem sentenciado senão pela autoridade competente" (art. 5°, LIII, da CF); "não haverá juízo ou tribunal de exceção" (art. 5°, XXXVII). Assim, o pedido de ruptura de sigilo bancário, em qualquer fase (investigatória e instrutória processual), deverá ser dirigido ao julgador legalmente competente, sob pena de ser considerada ilícita a prova, conforme a jurisprudência.

O Ministério Público, com a observância do princípio do Promotor Natural, deverá requerer ao Poder Judiciário o deferimento da medida quando necessário, já que os Tribunais pátrios não têm permitido que esta Instituição ordene a quebra, diretamente, às instituições financeiras.

No tocante à possibilidade de o Fisco determinar a quebra sem a autorização do Judiciário, o STJ manifestava-se negativamente,[26] sob o argumento de ferimento ao direito constitucional de intimidade, salvo se houvesse prévia autorização judicial. Contudo, com o advento da Lei Complementar n° 105/2001, essa questão voltou a ser discutida, e o STJ passou a considerar lícito que o Fisco obtenha a movimentação financeira, sem o crivo judicial. No art. 6° da aludida lei, foi dito que só a autoridade administrativa competente é quem poderá examinar os documentos e registros referentes a contas de depósitos e aplicações financeiras. Nesse sentido, como estabelecido, só a autoridade fiscal legalmente competente para a investigação é quem poderá tomar as providências indispensáveis para a quebra do sigilo bancário do contribuinte. O Supremo Tribunal Federal, órgão jurisdicional competente para o exame de questões constitucionais, é que, finalmente, decidirá se o Poder Executivo pode quebrar o sigilo bancário sem a anuência do Judiciário (mais detalhes no item 6.4). No âmbito do Poder Legislativo, conforme o disposto no art. 58, § 3°, da CF, as Comissões Parlamentares de Inquérito detêm poderes para requisitar informações bancárias. Outrossim, para a instauração de CPI deve ser levado em consideração se o fato é da esfera da respectiva pessoa jurídica de direito público que pretende realizar a investigação.

[26] REsp 115.063 – DF, in RSTJ n° 111/57; RESP 37.566-5 – RS, *in* RT 710/184; REsp 114.759, DJ de 10.8.1998, p. 17; REsp 122.986, DJ de 8.6.1998, p. 21.

5.4. Princípio da motivação

A autoridade judiciária que determinar a ruptura do sigilo em exame deverá fundamentar a sua decisão (art. 93, IX e X, da CF), sob pena de nulidade. Não é outra a obrigação do Ministério Público, *ex vi* do art. 43, III, da Lei n° 8.625/93.

No Poder Legislativo, as Comissões Parlamentares de Inquérito, cujos poderes de investigação são próprios das autoridades judiciais (art. 58, § 3°, da CF), podem ordenar a quebra do sigilo bancário, mas observando, dentre outras formalidades, o efetivo mister de acesso aos documentos/informações e que a decisão seja devidamente fundamentada. Não foi outra a decisão do Supremo Tribunal Federal, por ocasião do MS n° 23.452-1/RJ, que ficou assim ementado: "Comissão Parlamentar de Inquérito – Poderes de Investigação (CF, art. 58, § 3°) – Limitações Constitucionais – Legitimidade do Controle Jurisdicional – Possibilidade de a CPI ordenar, por autoridade própria, a quebra dos sigilos bancário, fiscal e telefônico – Necessidade de fundamentação do ato deliberativo – Deliberação da CPI que, sem fundamentação, ordena medidas de restrição a direitos – Mandado de Segurança Deferido." Da mesma forma a autoridade fiscal, uma vez que, na parte final do art. 6°, da LC n° 105/2001, o legislador exigiu uma motivação para o ato ao dizer: "... e tais exames sejam considerados indispensáveis pela autoridade administrativa."

A motivação é uma garantia para o cidadão, na medida em que ele conhecerá a razão da violação do seu direito de privacidade, o que ensejará, se for o caso, a possibilidade de irresignação na esfera judicial. O Poder Judiciário não tem permitido a quebra nos casos em que não há suficiente fundamentação da decisão. Outrossim, a respeito da motivação em exame pelo Ministério Público e Fiscalização Tributária, ver mais detalhes no tópico adiante, n° 9.

6. Legitimação para a quebra do sigilo bancário

6.1. Poder Judiciário

Os Tribunais[27] têm decidido que, inobstante o direito constitucional de privacidade, o sigilo bancário pode ser rompido por ocasião de

---

[27] RTJ 157/44; LEX – JSTJ e TRFs, 102/234; DJ de 29/06/1998, p. 242; DJ de 16/06/1996, p. 33651; DJ de 04/11/2005, p. 30.

persecução penal e quando ocorrer interesse público e da justiça. Ou seja, para esclarecer a autoria e a existência de delito. E quanto ao Judiciário, por ter sido constitucionalmente consagrado com o poder jurisdicional, não se contesta a sua legitimidade para examinar e apreciar o procedimento em estudo.

Aliás, no âmbito infraconstitucional, o art. 38, § 1º, da Lei 4.595/64, permitia a quebra do sigilo bancário pelo mencionado Poder. Entretanto, tal diploma legal está revogado, pois a recente Lei Complementar nº 105/2001, no art. 1º, § 4º, faculta que o Poder Judiciário decrete a quebra de sigilo, quando necessário para a apuração de ocorrência de ilícito penal, especialmente em crimes contra a ordem tributária, administração pública, praticado por organização criminosa e outros ali referidos. Tal enumeração é meramente exemplificativa, eis que para a apuração de outros delitos não mencionados e sua autoria (homicídio, mediante "recompensa" efetuada, por exemplo) a quebra também é admissível. A base legal da legitimidade do Judiciário, ainda, está presente no art. 3º da LC nº 105/01, que diz: "Serão prestadas pelo Banco Central do Brasil, pela Comissão de Valores Mobiliários e pelas instituições financeiras as informações ordenadas pelo Poder Judiciário, preservado o seu caráter sigiloso mediante acesso às partes, que delas não poderão servir-se para fins estranhos à lide".

6.2. Comissão Parlamentar de Inquérito – Poder Legislativo

A Lei da Reforma Bancária – art. 38 e parágrafos da Lei nº 4.595/64[28] – dispôs a respeito do sigilo bancário e conferiu poderes ao Poder Legislativo para ordenar a quebra. Em 1988, o constituinte concedeu, à CPI, poderes de investigação próprios das autoridades judiciais (art. 58,

---

[28] Nos parágrafos do art. 3º da Lei nº 4.595/64 constou: "§ 2º O Banco Central do Brasil e as instituições financeiras públicas prestarão informações ao Poder Legislativo, podendo, havendo relevantes motivos, solicitar sejam mantidas em reserva ou sigilo. § 3º As Comissões Parlamentares de Inquérito no exercício da competência constitucional e legal de ampla investigação (art. 53 da Constituição Federal e Lei n.º 1.579, de 18 de março de 1952), obterão as informações que necessitarem das instituições financeiras, inclusive através do Banco Central do Brasil. § 4º Os pedidos de informações a que se referem os parágrafos 2º e 3º deste artigo deverão ser aprovados pelo Plenário da Câmara dos Deputados ou do Senado Federal e, quando se tratar de Comissão Parlamentar de Inquérito, pela maioria absoluta de seus membros."

§ 3°, da CF).[29] De lá para cá, o STF[30] tem decidido que, dentre os poderes conferidos às CPIs, insere-se a violação do sigilo bancário. Agora, ratificando a possibilidade de tal medida, o legislador no art. 4°, § 1°, da LC n° 105/2001, especificou: "As comissões parlamentares de inquérito, no exercício de sua competência constitucional e legal de ampla investigação, obterão as informações e documentos sigilosos de que necessitarem, diretamente das instituições financeiras, ou por intermédio do Banco Central do Brasil ou da Comissão de Valores Mobiliários". E no § 2° do mesmo diploma legal constou determinação quanto à sua aprovação: "As solicitações de que trata este artigo deverão ser previamente aprovadas pelo Plenário da Câmara dos Deputados, do Senado Federal, ou do plenário de suas respectivas comissões parlamentares de inquérito". Não se pode deixar de salientar que a decisão de quebra deve ser fundamentada e deve guardar estreita relação com os fatos em apreciação, sob pena de nulidade e ofensa ao direito de privacidade. Aliás, assim tem entendido o Poder Judiciário, quando chamado a decidir a respeito das deliberações das CPIs. Outrossim, ela poderá ocorrer no âmbito da União, Estado, Município e Distrito Federal, dependendo do interesse do assunto a ser investigado.

6.3. Ministério Público

O Ministério Público, por definição constitucional, é a instituição permanente, essencial à função jurisdicional do Estado, incumbida da defesa da ordem jurídica, do regime democrático e dos interesses sociais e individuais indisponíveis (art. 127, *caput*, da CF). Daí decorre que o Ministério Público na atuação contra a criminalidade pode promover a ação penal pública, instaurar procedimento administrativo (na presi-

---

[29]Art. 58, § 3°, da CF: "As Comissões parlamentares de inquérito, que terão poderes de investigação próprios das autoridades judiciais, além de outros previstos nos regimentos das respectivas Casas, serão criadas pela Câmara dos Deputados e pelo Senado Federal, em conjunto ou separadamente, mediante requerimento de um terço de seus membros, para apuração de fato determinado e por prazo certo, sendo suas conclusões, se for o caso, encaminhadas ao Ministério Público, para que promova a responsabilidade civil ou criminal dos infratores".

[30] No MS n° 23.452-1/RJ, julgado em 16.6.1999 pelo STF, ficou assim decidido: "Comissão Parlamentar de Inquérito – Poderes de Investigação (CF, art. 58, § 3°) – Limitações Constitucionais – Legitimidade do Controle Jurisdicional – Possibilidade de a CPI ordenar, por autoridade própria, a quebra dos sigilos bancário, fiscal e telefônico – Necessidade de fundamentação do ato deliberativo – Deliberação da CPI que, sem fundamentação, ordena medidas de restrição a direitos – Mandado de Segurança Deferido".

dência deste objetiva elucidar os fatos), requisitar diligências investigatórias e a instauração de inquérito policial.

Indaga-se, então, se o Ministério Público pode ordenar a quebra do sigilo bancário à instituição financeira, isto é, sem a necessidade de prévia autorização judicial.

No âmbito doutrinário é controvertido o tema da requisição de ruptura do sigilo bancário – diretamente à instituição financeira – pelo órgão ministerial.

Uma parte da doutrina[31] posicionou-se negativamente. Ou seja, entendeu que o Sistema Financeiro Nacional, art. 192 da CF, deveria ser estruturado em lei complementar e, enquanto não vigorasse esta, a Lei 4.595/64 deveria valer como se lei complementar fosse e nesta o Ministério Público não aparecia com tal poder. Foi aduzido, ainda, que o art. 29 da Lei 7.492/86 (Define os Crimes contra o Sistema Financeiro) e o art. 8°, § 2°, da Lei 75/93 (LOMPU) referem-se à autoridade como destinatária da requisição, mas os administradores das instituições financeiras não se enquadram em tal conceito. Dizem, ainda, os defensores deste entendimento, que o sigilo bancário está abrangido no direito fundamental de intimidade (art. 5°, X, da CF), razão pela qual só pode ser quebrado pelo Poder Judiciário.

Outra corrente de pensamento,[32] todavia, manifestou-se afirmativamente, uma vez que a lei complementar pretendida pela CF já estaria em vigor, isto é, o art. 8°, IV, da LC n° 75, de 20 de maio de 1993 (LOMPU), que facultou ao Ministério Público da União requisitar informações e documentos a entidades privadas, bem como, no § 2° daquele diploma legal, que nenhuma autoridade poderá opor ao Ministério Público, sob qualquer pretexto, a exceção de sigilo, sem prejuízo da subsistência do caráter sigiloso da informação, do registro, do dado ou do documento

---

[31] Nesse sentido: PENTEADO, Jaques de Camargo. *O Sigilo Bancário e as Provas Ilícitas, Justiça Penal,* São Paulo: RT, vol. 4, p. 95-100; MARQUES, Oswaldo Henrique Duek. *Considerações Sobre a Criminalidade Organizada, Justiça Penal,* São Paulo: RT, vol. 6, 1999, p. 285-286; DERZI, Misabel Abreu Machado, COELHO, Sacha Calmon Navarro. *Direito Tributário Aplicado,* Belo Horizonte: Del Rey, 1997, p. 281-283; TAVAREZ, Juarez. A Violação ao Sigilo Bancário em face da Vida Privada, *Revista Brasileira de Ciências Criminais,* São Paulo: RT, n° 1, p. 107 e 108; MARTINS, Ives Gandra da Silva, ob. cit., p. 68; EISELE, Andreas. *Crimes contra a Ordem Tributária,* São Paulo: Dialética, 1998, p. 225.

[32] A favor da requisição direta podem ser citados: MAZZILI, Hugo Nigro. *O Inquérito Civil,* São Paulo: Saraiva, 1999, p. 186 e 187; DECOMAIN, Pedro Roberto. *Comentários à Lei Orgânica Nacional do Ministério Público,* Florianópolis: Obra Jurídica, 1996, p. 213-216; NAVARRO, Rogério de Paiva, ob. cit., p. 179; CARVALHO, Roosevelt Batista de, ob. cit., p. 399.

que lhe seja fornecido. Ademais, a LC n° 75/93 é de aplicação subsidiária para os Ministérios Públicos dos Estados (art. 80 da Lei n° 8.625/93 – LOMP) e, ainda, o art. 26, II, da Lei Orgânica Nacional do Ministério Público tem a mesma redação do art. 8°, IV, da LOMPU. A alegação de que o gestor da instituição financeira não é autoridade[33] não convence, eis que[34] a *ratio legis* é a de que "nem mesmo" a autoridade poderá apresentar a oposição, face ao Ministério Público, da exceção de sigilo. Ora, se a nenhuma autoridade é permitido tal oposição, *a fortiori*, não o será à entidade privada.

O Superior Tribunal de Justiça[35] e o TJRS,[36] quando chamados a deliberar sobre o assunto, manifestaram-se no sentido[37] de que o órgão ministerial, quando for necessário, deve requerer o procedimento da quebra de sigilo bancário ao Poder Judiciário, eis que a Lei 4.595/64 não concedeu ao MP tal poder requisitório e, ainda, o acesso às informações bancárias só pode ser fruto de lei complementar, e não de lei ordinária, como é o caso da Lei n° 8.625/93 (LOMPE).

Sustentou-se positivamente em discussão judicial, tendo em vista a faculdade de requisitar diligências investigatórias estabelecida no art. 129, VIII, da CF. Contudo, o STF,[38] no RE 215.301-CE,[39] Rel. Min. Carlos Velloso, decidiu que o art. 129, VIII, da CF, pertinente à função institucional do Ministério Público de requisitar diligências investigatórias e a instauração de inquérito policial, indicados os fundamentos

---

[33] De Plácido e Silva (Vocabulário Jurídico, Rio de Janeiro, Forense, vol. 1, 1982, p. 253) explica o que é autoridade: "O termo autoridade é derivado do latim *autorictas* (poder, comando, direito, jurisdição), é largamente aplicado na terminologia jurídica como o poder de comando de uma pessoa, o poder de jurisdição ou o direito que se assegura a outrem para praticar determinados atos relativos a pessoas, coisas ou atos."

[34] NAVARRO *apud* MAIA, Rodolfo Tigre. *Dos Crimes Contra o Sistema Financeiro Nacional*, São Paulo: Malheiros, 1996, p. 164.

[35] HC n° 2.352-8/RJ, in RSTJ, n° 82, p. 271; RHC n° 1.290/MG, in RSTJ n° 36, p. 113-121; RHC 2.019-7-RJ, in RSTJ, n° 60, p. 120; HC n ° 6.491-SP, Lex – JSTJ e TRFs, vol. 110, p. 481; Lex – JSTJ e TRFs, vol. 102, p. 233-234.

[36] MS n° 694057308, julgado em 27.11.94; Apel. 697269892, j. em 1°.10.98; HC 70000691782, j. em 2.3.2000.

[37] No RHC n° 1.290-MG, *in* RT 710, p. 186, o STJ decidiu que, em se tratando de crime financeiro, o Ministério Público Federal pode requisitar a qualquer autoridade informação, documento ou diligência – Lei 7.492/86.

[38] No feito, em resumo, o Banco do Estado de São Paulo ajuizou *habeas corpus* em favor do seu Gerente-Geral, visando o trancamento da ação penal, por crime de desobediência, em decorrência da falta de justa causa. O paciente teria informado, à Procuradoria da República, ser impossível o atendimento do pedido de informações acerca da movimentação bancária de dois clientes.

[39] RTJ, n° 169, p. 700.

jurídicos de suas manifestações processuais, não permite a requisição do rompimento do sigilo bancário sem a interferência do Judiciário. Argumentou o Ministro: "As diligências investigatórias e a instauração de inquérito policial deverão ser requisitadas, obviamente, à autoridade policial. Ora, no citado inc. VIII, do art. 129, da CF, não está escrito que poderia o órgão do Ministério Público requerer, sem a intervenção da autoridade judiciária, a quebra do sigilo bancário de alguém. E se considerarmos que o sigilo bancário é espécie do direito à privacidade que a Constituição consagra no art. 5º, inciso X, somente autorização expressa da Constituição legitimaria a ação do Ministério Público para requerer, diretamente, sem a intervenção da autoridade judiciária, a quebra do sigilo bancário de qualquer pessoa."

De outro lado, como dito, o Ministério Público pode instaurar procedimento administrativo, com cunho investigatório criminal, e neste requisitar documentos e informações para instruí-lo, na forma da lei complementar respectiva (art. 129, VI, da CF). Nesse sentido o Informativo nº 8 do STF – Internet – menciona que, dando continuidade ao julgamento do mandado de segurança (MS 21.729-DF)[40] impetrado pelo Banco do Brasil contra requisição de informações sobre empréstimos concedidos a usineiros, formulada pelo Procurador-Geral da República, com base no art. 8º, § 2º, da LC 75/93, o Tribunal entendeu ser inoponível, na espécie, a exceção de sigilo bancário da instituição financeira, justamente em razão da origem pública de parte do numerário das operações questionadas. Da ementa do acórdão, extrai-se que a ordem jurídica conferiu explicitamente poderes amplos de investigação ao Ministério Público – art. 129, VI, VIII, da Constituição Federal, e art. 8º, incisos II e IV, e § 2º, da Lei Complementar nº 75/1993. Não cabe ao Banco do Brasil negar, ao Ministério Público, informações sob invocação de sigilo bancário. No caso concreto, os empréstimos objeto de procedimento administrativo eram verdadeiros financiamentos públicos. Nele frisou-se que a requisição formulada pelo Ministério Público Federal deveria ser atendida por se tratar de verba pública.

Verdade é que o STF tem dito que o sigilo bancário está inserido no direito de intimidade (art. 5º, X, da CF), o que tem propiciado decisões no sentido de que, no interesse público ou da justiça, só o Poder Judiciário e às Comissões Parlamentares de Inquérito (estas por estarem investidas de poderes de investigação próprios das autoridades judiciais – art. 58, § 3º, da CF) podem ordenar o acesso aos dados bancários. Inobstante isso (o que tem sido omitido de discussões), não se pode

---

[40] RTJ, nº 179, p. 225.

desconhecer que o constituinte, ao Ministério Público, conferiu poderes de requisitar informações e documentos, com o fim de instruir procedimentos administrativos de sua competência, na forma da lei complementar respectiva (art. 129, VI, da CF). O problema, como já constatado em acórdão do STJ[41] a respeito do assunto, é que o direito de quebra de sigilo bancário, no texto constitucional, remeteu a regulamentação da atuação ministerial para a lei complementar. Ou seja, a Constituição, desde logo, não vedou e nem autorizou esta Instituição a requisitar informações bancárias. Então, sem dúvida, uma lei considerada de natureza complementar pode conferir esse direito ao Ministério Público.[42] Ademais, mesmo constando na Constituição como Direito e Garantia Fundamental, o sigilo bancário tem sido quebrado pelo Legislativo e não só pelo Judiciário. E o Legislativo detém tal poder em razão do art. 58, § 3º, da CF, que está no Título Da Organização dos Poderes. Assim, nada impede o reconhecimento de que na Carta Magna outra Instituição possa ter sido contemplada com a requisição em exame, como é o caso do Ministério Público.

De qualquer forma, já que a Lei Complementar nº 105/01 dispôs sobre o sigilo das operações de instituições financeiras e não regulamentou o poder requisitório do Ministério Público, perdeu-se uma ótima oportunidade para pacificar de vez o tema. A polêmica – concernente ao MP ordenar ou não a quebra do sigilo em estudo – deverá ter continuidade, já que o art. 8º, IV, § 2º, da LC 75/93 – pertinente ao Ministério Público da União – e o art. 80 da Lei nº 8.625/93, aplicado aos Ministérios Públicos dos Estados e que se reporta, subsidiariamente, àquela, continuam em vigor. Inobstante isso, tendo em vista as decisões judiciais a respeito do tema e a fim de não se correr o risco de ser considerada inconstitucional e ilegal importante prova de delito, o mais adequado e seguro é o Ministério Público requerer a quebra do sigilo bancário ao Poder Judiciário.

Não há dúvida de que o fortalecimento dos poderes investigatórios do Ministério Público, num momento em que se verifica a sofisticação dos delitos praticados em escala macrocriminal, acarretará uma maior eficácia na repressão a esta espécie de criminalidade e isso passa, também, pela concessão de meios investigatórios ágeis e eficazes, como a ruptura do sigilo de que se trata.

---

[41] RHC nº 1.290/MG, in RSTJ n º 36, p. 113-121.
[42] É controvertido, mas há o entendimento de que o art. 8º, IV, e § 2º, da LC 75/93, combinado com o art. 80 da Lei nº 8.625/93, faculta ao MP determinar a QSB.

6.4. O Fisco

O trabalho efetivado pela Fiscalização Tributária é de grande relevância para a pessoa jurídica de direito público, na medida em que acarreta o incremento da receita e, por conseqüência, mais verbas para a aplicação das necessidades da população, como saúde, segurança, educação, obras, etc. Com tais objetivos o legislador determinou no art. 38, § 5º, da Lei nº 4.595/64 que: "Os agentes fiscais tributários do Ministério da Fazenda e dos Estados somente poderão proceder a exames de documentos, livros e registros de contas de depósitos, quando houver processo instaurado e os mesmos forem considerados indispensáveis pela autoridade competente".

Após a Constituição de 1988, duas posições[43] ficaram marcadas a respeito do rompimento do sigilo em exame pelo Fisco. A primeira, afirmando que os direitos e garantias insculpidos na Carta Magna (art. 5º) são superiores aos direitos de fiscalização do Fisco, bem como que os incisos X e XII deste artigo revogaram tacitamente o art. 38, § 5º, da Lei nº 4.595/64 e o art. 197 do CTN, que obrigava os bancos a prestarem informações à autoridade administrativa. A segunda sustenta que o interesse econômico-individual deve subordinar-se ao interesse público, representado este pelos órgãos de Estado. Argumenta que a Fiscalização Tributária pode ter acesso às contas bancárias do contribuinte, porque o art. 145, § 1º, da CF reza: "Sempre que possível, os impostos terão caráter pessoal e serão graduados segundo a capacidade econômica do contribuinte, facultado à administração tributária, especialmente para conferir efetividade a esses objetivos, identificar, respeitados os direitos individuais e nos termos da lei, o patrimônio, os rendimentos e as atividades econômicas do contribuinte". Para esta corrente, portanto, o direito de identificar o patrimônio, os rendimentos e as atividades dos contribuintes permite ao Fisco acessar operações e os saldos bancários.

O STJ[44] e o TJRGS,[45] tendo em vista a nova ordem constitucional, não admitiram que o Fisco, sem a autorização judicial, quebrasse o sigilo bancário dos contribuintes, uma vez que haveria intromissão na privacidade do cidadão, garantia amparada no art. 5º, X, da CF.

---

[43] FREGADOLLI, Luciana, obra citada, p. 122 e 123; MARTINS, Ives Gandra da Silva. *Cadernos de Direito Tributário e Finanças Públicas*, São Paulo: RT, 1995, nº 12, p. 67 e 68.

[44] São casos concretos os Recursos Especiais que seguem: nº 37.566-RS, DJ de 28.3.1994, p. 6294; nº 114.759, DJ de 10.8.1998, p. 17; nº 122.986, DJ de 8.6.1998, p. 21.

[45] Apelação nº 697.269.892, julgada em 1º.10.1998, e no MS 694.057.308, julgado em 27.11.1994.

Agora, face ao contido no art. 6º da LC nº 105/01,[46] a polêmica será reacesa, uma vez que, em nível de lei complementar, o legislador disciplinou que a autoridade tributária poderá examinar documentos, livros e registros de instituições financeiras, inclusive os referentes a contas de depósitos e aplicações financeiras.

Da doutrina atual (posterior à vigência da LC) podem ser colhidos argumentos opostos. Uma corrente entende que tal diploma legal é inconstitucional, porque viola direitos fundamentais constitucionais – de intimidade, de dados e do devido processo legal – do indivíduo e permite o acesso aos dados bancários pelo Executivo, sem a autorização do Poder Judiciário.[47] A obrigatoriedade da intervenção judicial decorre, ainda, do princípio da imparcialidade[48] (conseqüência do devido processo legal) da decisão de quebra, eis que a autoridade fazendária tem interesse na arrecadação. E tais garantias visam a proteger o cidadão contra a arbitrária investida do Estado. Outro posicionamento doutrinário, todavia, é no sentido de que a Constituição Federal não assegura expressamente entre os direitos individuais o sigilo bancário. Ademais, o constituinte[49] facultou (art. 145, § 1º, da CF) à "administração tributária identificar, respeitados os direitos individuais, isto é, com a mantença, por parte da Administração fiscal, do segredo bancário que lhe foi transferido e de conformidade com o devido processo legal (com os princípios da razoabilidade e da proporcionalidade), e nos termos da lei, o patrimônio, os rendimentos e as atividades econômicas do contribuinte". Também afirma[50] não ofender a intimidade ou a vida privada, "devido à natureza patrimonial do conteúdo das informações".

O Superior Tribunal de Justiça, a partir da vigência da LC nº 105/2001, alterou a sua orientação anterior e passou a permitir a quebra

---

[46] O referido artigo ficou assim redigido: "As autoridades e os agentes tributários da União, dos Estados, do Distrito Federal e dos Municípios somente poderão examinar documentos, livros e registros de instituições financeiras, quando houver processo administrativo instaurado ou procedimento fiscal em curso e tais exames sejam considerados indispensáveis pela autoridade administrativa competente."

[47] Em tal sentido: GOMES, Luiz Flávio. Crimes Tributários e Quebra do Sigilo Bancário, na obra Direito Penal Empresarial, São Paulo: Dialética, 2001, p. 154-157; MOURA, Maria Thereza Rocha de Assis. *Meios de Impugnação à Quebra Indevida de Sigilo Bancário, Direito Penal Empresarial*, São Paulo: Dialética, 2001, p. 161-182.

[48] GOMES, Luiz Flávio. Crimes Tributários e Quebra do Sigilo Bancário, in Direito Penal Empresarial, São Paulo: Dialética, 2001, p. 154-157.

[49] SARAIVA FILHO, Oswaldo Othon de Pontes. O Sigilo Bancário e o Fisco (Uma Análise Constitucional), *Interesse Público*, nº 10, 2001, p. 86-98.

[50] EISELE, Andreas. *Crimes contra a Ordem Tributária*, São Paulo: Dialética, 2002, p. 265.

do sigilo bancário pela autoridade fiscal, desde que esta observe o prazo de decadência na investigação, refletida nos acórdãos abaixo:

A teor do art. 6º da LC nº 105/01 a autoridade fazendária pode ter as informações bancárias do contribuinte, quando houver procedimento administrativo-fiscal em curso, sem o crivo do Judiciário. (REsp nº 584.378/MG,[51] 2ª Turma).

A jurisprudência do STJ está assentada no sentido de que: a exegese do art. 144, § 1º, do Código Tributário Nacional, considerada a natureza formal da norma que permite o cruzamento de dados referentes à arrecadação da CPMF para fins de constituição de crédito relativo a outros tributos, conduz à conclusão da possibilidade de aplicação dos artigos 6º da Lei Complementar 105/2001 e 1º da Lei nº 10.174/2001 ao ato de lançamento de tributos cujo fato gerador se verificou em exercício anterior à vigência dos citados diplomas legais, desde que a constituição do crédito em si não esteja alcançada pela decadência e que inexiste direito adquirido de obstar a fiscalização de negócios tributários, máxime porque, enquanto não extinto o crédito tributário a Autoridade Fiscal tem o dever vinculativo do lançamento. (REsp 792.812/RJ,[52] 1ª Turma).

O Supremo Tribunal Federal, inobstante a existência de ações diretas de inconstitucionalidade[53] contra tal lei complementar, não se manifestou, até o momento, a respeito da possibilidade do Fisco ter acesso à movimentação bancária do contribuinte.

Assim, a polêmica será solucionada pela Corte Constitucional, que deverá levar em consideração, dentre outros aspectos, se o contido no artigo 145, § 1°, da CF, especificamente quanto à expressão "aos respeitados os direitos individuais", significa a manutenção do segredo bancário que pode ser transferido para a Administração Fiscal ou a observância do direito fundamental da intimidade, dentro do qual está abrangido o sigilo bancário. Ou seja, na primeira hipótese o Fisco[54] poderá ter acesso às informações bancárias em questão, enquanto na segunda, evidentemente, não poderá ocorrer a quebra do sigilo bancário pelo Poder Executivo.

Portanto, como o STJ, no plano infraconstitucional, tem concedido tal poder à autoridade fazendária e o STF não se manifestou quanto à constitucionalidade do art. 6° da LC 105/2001, é conveniente que ela,

---

[51] DJ de 16.3.2007, p. 332.

[52] DJ de 2.4.2007, p. 242.

[53] As ADINs que propiciam a transmissão de dados de movimentação financeira à administração tributária são: 2.397-7, 2.406, 2.386, 2.389 e 2.390.

[54] O STJ admitiu que as autoridades fiscais requisitem informações bancárias, sem a autorização judicial, em outros casos: REsp 541.740/SC, DJ de 30.11.2006, p. 150; REsp 584.378/MG, DJ de 16.3.2007, p. 332; REsp 529.818/PR, DJ 19.3.2007, p. 302; REsp 831.003/SC, julgado em 1°.2.2006, DJ de 28.06.2006; REsp 685.708/ES, DJ de 20.6.2005; REsp 645.371/PR, DJ de 13.3.2006, p. 260; REsp 691.601/SC, DJ de 21.11.2005, p. 190.

por cautela, para não correr o risco de perder importante prova de sonegação fiscal, comunique ao Ministério Público e esclareça a necessidade da medida. O Membro do MP, se for o caso, requererá a quebra perante o Poder Judiciário e, posteriormente, repassará os elementos colhidos. Dessa forma, fica contornada eventual alegação de ilicitude da prova colhida.

7. Natureza jurídica

A quebra do sigilo bancário, no Brasil, tradicionalmente tem sido utilizada para colher elementos probatórios que esclareçam a existência de infração penal e sua autoria, a fim de que, oportunamente, sejam promovidas as ações penal e cível cabíveis. Além disso, as provas obtidas junto às instituições financeiras servem para que haja um julgamento político, como a cassação de mandato de Deputado Federal, Senador e Presidente da República. Agora, tendo em vista a vigência do art. 6º LC nº 105/2001 e enquanto este não venha a ser declarado inconstitucional pelo STF (ver item 6.4), a autoridade fiscal poderá averiguar a existência de evasão fiscal utilizando-se da quebra.

Assim, independente da requisição de violação do segredo bancário partir do Judiciário, Legislativo ou Ministério Público, cabe assentar que esta tem natureza de procedimento administrativo-investigatório (não se trata de processo ou ação cautelar), inquisitorial[55] e sigiloso. Com efeito, a referida quebra decorre de procedimento investigatório Ministerial, inquérito policial, ou do trabalho da Comissão Parlamentar de Inquérito, sendo que nos dois primeiros casos a jurisprudência atual exige a intervenção judicial, o que não desnatura o seu caráter de mero procedimento administrativo-investigatório.

Lapidar é o ensinamento de Marques[56] ao preconizar que: "... como início de abordagem do tema pode-se escolher uma premissa básica: o pedido de quebra de sigilo bancário e fiscal é apenas e tão-somente um procedimento administrativo investigatório preliminar, não um pro-

---

[55] O STF, 2ª Turma, no Ag. Reg. nº 2.790/RS, cuja ementa foi publicada no DJ de 11/4/2003, p. 40, proclamou: "Crime contra a Ordem Tributária. Lei nº 8.137/90 (art. 1º, I, II e V). NULIDADE DO PROCEDIMENTO FISCAL. 1. Inexistência de irregularidades no procedimento que culminou com a quebra do sigilo bancário. Providência que teve o endosso do Judiciário e que, de regra, é efetivado em procedimento inquisitorial, sob pena de frustração da medida. 2. HC indeferido."

[56] MARQUES, Carlos Alexandre. A Natureza do Pedido de Quebra de Sigilo Bancário e Fiscal e Alguns Comentários Práticos da atuação do Ministério Público, São Paulo: RT, nº 736, p. 535.

cesso ou uma ação cautelar inominada. Tem caráter inquisitorial, sem contraditório, constituindo simples medida administrativa. Possui natureza cogente, que pressupõe para a eficácia das investigações também o sigilo".

Aliás, o Tribunal de Justiça gaúcho, por sua 3ª Câmara Criminal, na Apelação n° 694106972,[57] enfrentou essa questão, onde o Ministério Público do RS requereu a quebra de sigilo bancário, a fim de apurar notícias de favorecimento, corrupção e enriquecimento ilícito nas licitações da Secretaria do Planejamento e Obras. O Juiz de Direito, após invocar os arts. 282, 283 e 801 do CPC e o art. 5°, incisos XII e LV, da CF, indeferiu o aludido requerimento por considerá-lo inepto (art. 295, I, do CPC). O Colendo Tribunal, à unanimidade, deu provimento ao recurso Ministerial e decidiu que não se trata de ação cautelar, mas de providência judicial requerida em fase pré-processual, por força de atividade investigatória atribuída ao Ministério Público, razão pela qual não há que se falar em petição inicial.

Devido à importância teórica e prática do assunto, merece ser transcrita a ementa do referido julgado:

REQUERIMENTO DO MINISTÉRIO PÚBLICO. QUEBRA DE SIGILO BANCÁRIO E FISCAL. Não cabem critérios privatísticos, quando se aprecia a atividade do MP, mormente quando de sua atuação junto ao juízo criminal. Ao MP, por força de regramentos constitucional e legal, é reconhecida sua atribuição investigatória ampla, que só sofre restrições quando se depara com interesses protegidos pelo sigilo, o que lhe impõe socorrer-se do Judiciário. Seu requerimento, nesse ponto, quando busca a quebra do sigilo de pessoas físicas e jurídicas, é de ser encarado como providência própria de sua função investigatória, na fase pré-processual, não se podendo compará-la à de alguém para quem se exige o ajuizamento de ação cautelar. Não se tratando de ação cautelar, não há que se cogitar de regras processuais civis disciplinadoras da petição inicial, muito menos aplicáveis à petição inicial de uma ação cautelar. Basta, para tanto, que se evidencie que o MP está a agir com apoio em procedimento investigatório, independentemente, inclusive, de sua natureza, porque tais procedimentos podem desdobrar-se em outros. Incabível, outrossim, tolher-se a amplitude da investigação, impondo-se sua vinculação à natureza do procedimento investigatório, que, inclusive, poderá estar erroneamente classificado. Sendo indeferida a postulação, sob o fundamento de que era inepta a inicial, com a expressa invocação do art. 295, inc. I, do CPC, não houve apreciação do mérito do pedido, o que cumpre seja feito, sob pena de supressão de um grau de jurisdição. Decisão cassada, para que outra seja proferida, enfrentando-se o mérito da pretensão.

Por derradeiro, a natureza inquisitorial e sigilosa do procedimento em análise, conforme dito antes, significa que o seu rumo tem um caminho determinado e que não admite desvios, isto é, objetiva a pesquisa

---

[57] RJTJRGS, vol. 168, p. 121.

das informações indispensáveis ao esclarecimento do que está sendo investigado. Assim, na fase pré-processual, quando ainda os elementos probatórios estão sendo procurados, não há que se permitir o contraditório, conforme já decidiu o STF. O sigilo e a inquisitoriedade guardam íntima relação com o êxito do trabalho investigatório, já que, como diz Frederico Marques,[58] o suspeito pode intrometer-se e tumultuá-lo. Afora isso, após deferido o requerimento de rompimento, outras diligências podem ser necessárias, como a interceptação telefônica, o rotineiro acampanamento, o seqüestro de bens, etc. E se o delinqüente souber de todos os passos da autoridade que lhe investiga, também haverá maior dificuldade para esta elucidar o delito. O fator surpresa, caso haja cogente diligência complementar, pode contar em favor da justiça. Outrossim, quanto ao Fisco, impõe-se observar que, visando complementar a novidade do poder de quebra recentemente conferido na LC nº 105/2001, o Governo Federal editou o Decreto nº 3.724/01, cujo art. 4º, § 2º, determina a prévia intimação do contribuinte para a apresentação de informações sobre movimentação financeira. Ou seja, deseja-se que, antes da Requisição de Informações Financeiras (RMF) dirigida ao banco, o averiguado seja cientificado da pretensão do Fisco. É, então, uma exceção à natureza sigilosa do instituto em exame. Maiores detalhes a respeito do procedimento da quebra por parte do Fisco no item nº 9.

8. Competência

A competência diz respeito a quem pode ordenar a quebra do sigilo bancário.

Pode-se afirmar que o exame do deferimento ou não da medida deverá ocorrer pelo Juiz ou Tribunal que tem a competência constitucional e legal para analisar a ação penal, caso ela venha, futuramente, a ser promovida e, uma vez encontrado este, também estará localizado quem deve julgar o pedido de violação em exame.[59] Outrossim, se já houver processo criminal em andamento, o pedido de ruptura deverá ocorrer, incidentalmente, perante o Juiz ou Tribunal onde tramita o feito. A intervenção do Judiciário decorre do Princípio Constitucional da

---

[58] MARQUES, José Frederico. Tratado de Direito Processual Penal, São Paulo: Saraiva, 1980, p. 191.

[59] Impõe-se a análise da Constituição Federal, do Código de Processo Penal e, se a situação exigir, do Código de Organização Judiciária do Estado, não se devendo esquecer da competência por prerrogativa de função.

Inafastabilidade do Poder Judiciário e do contido nos arts. 1°, § 4°, e 3° da LC n° 105/01.

No tocante ao Ministério Público, o Membro que terá atribuição para requisitar a informação financeira, ou de requerê-la ao Judiciário (haverá tal requerimento caso se entenda que o MP não pode, diretamente, fazer tal requisição), é o que detém o dever legal de promover a ação penal. Se a causa for de alçada federal não pode o Ministério Público do Estado imiscuir-se em assunto de atribuição do Ministério Público Federal e vice-versa.

Quanto ao Fisco, o art. 6° da LC n° 105/01 foi cristalino ao determinar que só a autoridade tributária[60] competente é quem pode examinar as contas de depósitos e aplicações financeiras, bem como documentos, livros e registros de instituições financeiras.

Por fim, a Comissão Parlamentar de Inquérito – art. 58, § 3°, da CF e art. 4°, §§ 1° e 2°, da referida LC – tem competência para ordenar a quebra, devendo ser observado o interesse a ser tutelado, isto é, se o fato determinado a ser esclarecido é de interesse da União, Estado, Município ou Distrito Federal. A União não pode, por hipótese, criar e instalar CPI sobre as atividades exclusivas e privativas dos demais entes públicos. Tal vedação decorre da autonomia das atividades estatais.[61]

9. Procedimento

O Poder Judiciário, em decorrência dos princípios da iniciativa das partes e da imparcialidade do julgador, age após a provocação dos interessados. O Juiz não atua, pois, de ofício durante a fase investigatória, embora na instrução processual, excepcionalmente, tenha condições de ordenar diligência para dirimir dúvidas sobre ponto relevante, dentre elas a agora examinada – art. 156 do CPP.

No Sistema Processual Penal brasileiro cabe à Polícia Judiciária a investigação criminal e ao Ministério Público, além desta (faculdade permitida pelo procedimento administrativo – art. 129, VI, da CF), a iniciativa da ação penal pública. Assim, tanto o Ministério Público, quanto a Polícia Judiciária, poderão requerer ao Magistrado que rompa o segre-

---

[60] O Decreto n° 3.724/01, no art. 2°, *caput* e seu § 5°, I, e no art. 4°, "caput", indicou as autoridades tributárias da União que podem expedir a Requisição de Informações sobre Movimentação Financeira (RMF), isto é, ordenar a quebra.

[61] SILVA, Francisco Rodrigues. CPIs – Poderes e Limitações, Recife, Edições Bagaço, ano 2001, p. 85.

do financeiro de correntista, com o intuito de esclarecer infração penal e/ou sua autoria. O Membro do Ministério Público, por ser o fiscal da lei e ter a *opinio delicti*, deve ser ouvido quando a autoridade policial requerer tal quebra ao Magistrado. A oportunidade de manifestação Ministerial, inclusive, enseja que o titular da ação penal possa ampliar o pleito daquela autoridade e, se for o caso, defender o direito ao sigilo daquele contra quem foi este dirigido.

Faz-se imperioso que, por ocasião do pedido em juízo, seja esclarecida a necessidade de obter-se a documentação bancária, indicando os elementos de convicção que demonstram essa circunstância. No requerimento de quebra outros importantes informes, se possível, devem ser mencionados: o nome do investigado; o número do cadastro de pessoa física; a síntese dos fatos; o que se descobriu até aquele instante; o crime a ser apurado; a base constitucional e legal; o requerimento de violação do sigilo; a denominação da instituição financeira, sua agência e endereço; a documentação que se está a exigir, como extrato, cópia de cheque, ordem de pagamento, recibo de depósito; identificação da conta (corrente, poupança, aplicação financeira, etc.); período de tempo abrangido pela medida pretendida; prazo a ser fixado para o cumprimento da ordem.

Algumas hipóteses podem ilustrar essa situação: a) havendo prova testemunhal de que certa empresa praticou crime fiscal e que o montante deste ilícito foi depositado na conta pessoal do sócio ou de testas-de-ferro; b) ocorreu o informe oral de que pessoa praticou ato de corrupção e que o pagamento foi depositado na conta desta; c) o dinheiro público, destinado a uma finalidade, foi desviado para a conta de agente público; d) o dinheiro decorrente do tráfico de entorpecentes foi depositado em banco e serviu para a aquisição de imóvel.

O indeferimento da medida, em algumas situações, pode caracterizar um cerceamento à investigação e que impossibilitará, fatalmente, o completo esclarecimento dos fatos. .

Do ponto de vista do Ministério Público, para quem entende que possa esta Instituição ordenar a diligência em estudo, caberá ao seu representante agir com atenção à legalidade. O *Parquet* deve, portanto, fundamentar[62] a decisão de quebra e expedir ofício à instituição financeira, com prazo estabelecido, para que esta preste os informes requisitados, sob pena de desobediência. A decisão deverá permanecer nos autos do procedimento administrativo, a fim de que se possa aquilatar

---

[62] Art. 43, III, da Lei nº 8.625/93 e art. 93, IX, da CF.

dos seus motivos. Todavia, na análise da Jurisprudência, o Ministério Público só tem obtido a quebra após a intervenção do Poder Judiciário, conforme antes exposto (item 6.3). Portanto, pode ser mais conveniente requerer diretamente ao Juiz a diligência, evitando-se discussões sobre o tema.

Aliás, o Superior Tribunal de Justiça[63] tem demonstrado o que se deve entender por indispensável para ordenar a ruptura do segredo bancário. Ou seja, existindo indícios que possam levar à prova da existência de um crime e verificado que sem essa quebra poderá restar prejudicada a sua apuração. Exemplificando, com um caso do Rio Grande do Sul, a descoberta de vultosa quantia depositada e movimentada em conta-corrente de uma pessoa que já não a utilizava há anos. Houve vários depoimentos no sentido de que uma pessoa jurídica, com a conivência do banco, era quem usava a conta de terceiro, embora este de nada soubesse. Assim, buscou-se a quebra do sigilo bancário com o objetivo de verificar-se a origem dos depósitos e a autoria dos ilícitos fiscais, tendo a medida resultado positiva.

Relativamente ao Fisco, o legislador no art. 6º da LC 105/01 mencionou que, durante o processo administrativo ou procedimento fiscal em curso, somente poderão ser examinados os documentos, livros e registros de instituições financeiras, inclusive referentes a contas de depósitos e aplicações financeiras, na hipótese de tais exames serem considerados indispensáveis pela autoridade. Isto é, não é uma mera curiosidade por parte desta que ensejará o aludido exame, mas só se houver a indispensabilidade da análise em questão. Em outras palavras, só poderá ocorrer a diligência de verificar os informes bancários se for necessário ou importante para apurar a evasão fiscal e sua autoria. Todavia, tal proceder só poderá ocorrer se baseado em elementos probatórios indicadores da existência de evasão fiscal (aí incluído o crime fiscal).

O Governo Federal, certamente preocupado com o pressuposto da indispensabilidade do exame de documentos e livros referidos no art. 6º da LC 105/01, regulamentou este artigo no Decreto nº 3.724/01. No art. 3º deste especificou as hipóteses em que o exame dos documentos e livros bancários será considerado indispensável. No art. 4º, § 5º, do mesmo Decreto, foi explicitado que a Requisição de Informações sobre Movimentação Financeira (RMF), denominação conferida a determinação para que a instituição financeira conceda acesso às informações almejadas, será expedida com base em relatório circunstanciado. E, neste rela-

---

[63] REsp 286.697/MT – DJ de 11.06.2001, p. 126, onde foi ordenada a QSB em procedimento criminal pelo Poder Judiciário.

tório, deve constar a motivação da expedição da RMF, que demonstre, com precisão e clareza, tratar-se de situação enquadrada em hipótese de indispensabilidade. Outrossim, a RMF será precedida de intimação – cientificação – ao sujeito passivo para a apresentação de informações sobre movimentação financeira, segundo o § 2º daquele artigo 4º. O contribuinte, então, poderá prestar esclarecimentos e entregar os documentos bancários ao Fisco, bem como, se não concordar com a ameaça de quebra de seu sigilo, ingressar com a ação cabível no Judiciário com o fim de impedir a lesão ao seu direito de intimidade.

O Decreto nº 3.724/01 é dirigido à Secretaria da Receita Federal, conforme se vê do contido no art. 1º do mesmo. Em razão do princípio federativo ele não tem força para vincular os Estados e Municípios. Não haveria mister da emissão deste decreto, uma vez que, face aos termos do art. 6º daquela LC, estão preenchidos os requisitos indispensáveis para o rompimento do segredo financeiro. Todavia, não se pode desconsiderar que ele confere uma boa rotina de trabalho às autoridades tributárias, propicia a aludida intimação ao contribuinte e, especialmente, estabeleceu um relatório, onde deverá constar um resumo do que foi apurado e a motivação da pretensão de quebra.

10. Prova ilícita

No Direito Processual Penal brasileiro vigora o princípio da verdade real, razão pela qual cabe questionar: pode-se admitir a informação bancária (extrato, cheque, quem fez o depósito em dinheiro, etc.), sujeita ao sigilo, como prova na esfera criminal? Algumas considerações devem ser feitas antes da resposta. Cabe observar, preliminarmente, que se poderia imaginar que a produção de prova não encontra qualquer restrição em nosso país, pois impera o princípio da verdade real. Isso, contudo, não prevalece. O direito individual encontra fronteira no direito de outrem, isto é, naquilo que é de interesse social e pertence à intimidade e à liberdade alheia. A prova, portanto, deve ser admitida em respeito aos postulados constitucionais e legais. Inexiste direito absoluto, já que se deve conviver com outras disposições e princípios constitucionais. Tanto é verdade que a jurisprudência pátria é no sentido de que, inobstante o constituinte determinar a inviolabilidade da privacidade, deve esta ceder frente ao interesse público e da justiça. Aliás, o mestre Tourinho Filho,[64] ao comentar o tema em exame, preconiza:

---

[64] TOURINHO FILHO, Fernando da Costa. Processo Penal, São Paulo: Saraiva, 1997, vol. 3, p. 232.

"... as buscas domiciliares ao arrepio da lei, as confissões e depoimentos conseguidos através de processos condenáveis, as cartas interceptadas ou obtidas por meios criminosos, a gravação de conversa ou de cenas fotográficas ou cinematográficas das pessoas em círculo privado, ou em circunstâncias íntimas ou que lhes sejam particularmente penosas, a audição de conversações privadas por interferência mecânica de telefones, microgravadores ou quaisquer aparelhos, tudo passou a ser coisa do passado. Temos, agora, o nosso *right of privacy*...".

A transgressão de norma de natureza processual (conhecida com a denominação de ilegítima) pode acarretar a nulidade do processo. A dificuldade surge, entretanto, quando há infringência de norma de cunho material (chamada de ilícita). O assunto era mais delicado antes da atual Constituição, já que, conforme revela Pedroso,[65] eram dois os entendimentos sobre a admissibilidade da prova ilícita. Um posicionamento não admitia a prova ilícita, porque o direito de prova não se sobrepõe às garantias individuais constitucionais; ao Estado não se pode permitir a violação da lei, a pretexto de obter provas; os fins não justificam os meios. O outro admitia a prova ilícita (tida como a correta pelo doutrinador), pois o fim precípuo do processo penal é a descoberta da verdade real e daí decorre que, a prova ostentando a verdade, há de ser aceita e instaurada a *persecutio criminis* contra quem tenha praticado infração penal. Para esta corrente a tutela penal dos direitos humanos e fundamentais do homem é feita na órbita própria.

Na atualidade, essa discussão perdeu um pouco a sua razão de ser, uma vez que o constituinte adotou a primeira corrente, no art. 5º LVI, da Carta Magna, que estabelece a inadmissibilidade, no processo, das provas obtidas por meios ilícitos. O aludido diploma constitucional quer dizer que uma prova, obtida naquelas condições, é proibida nos autos de qualquer processo, seja judicial ou administrativo (como o inquérito policial e o procedimento investigatório do Ministério Público), e, caso nele ingresse, não tem valor e deve ser desentranhada. Assim procedeu o STJ, no ROMS 8.559/SC,[66] tendo como Rel. o Min. Luiz Vicente Cernicchiaro, cuja ementa foi: "RMS – Constitucional – Processo Penal – Prova Ilícita – Admitem-se, em juízo, todos os meios de prova, salvo as obtidas por meio ilícito (Const., art. 5º, LVI). As provas ilícitas, porque proibidas, não podem ser consideradas. Cumpre desentranhá-las dos autos".

---

[65] PEDROSO, Fernando de Almeida. *Processo Penal e o Direito de Defesa*, Rio de Janeiro: Forense, 1986, p. 374-383.
[66] DJ de 3.8.1998, p. 328.

Pode ser dito que, numa primeira resposta ao questionamento inicial, se houve violação ao sigilo bancário, praticado por agente de instituição financeira (que tinha o dever do sigilo), ou por terceiro estranho a esta (estamos na era da informática e, até mesmo, por meio desta pode ocorrer a quebra do sigilo), os dois infringiram a tutela constitucional de privacidade do correntista e o primeiro, além desta, transgrediu o dever de sigilo profissional – art. 10 da LC nº 105/01. Daí afirmar-se, então, que a prova foi conseguida com violação de direito constitucional fundamental e de lei, motivo pelo qual não pode ser admitida na fase inquisitorial ou judicial. Com efeito, a regra é o direito de sigilo bancário do cliente (investigado ou réu) e este só pode ser rompido, repita-se, no interesse público e da justiça, dentro dos ditames da constituição e da lei e por quem tenha competência para tanto. A situação, assim, provavelmente seria julgada nos exatos termos do julgado da Quinta Turma do Superior Tribunal de Justiça, no RHC 6.566/PR,[67] Rel. Min. Cid Flaquer Scartezzini, que considerou ilícita a prova colhida sem a intervenção do Judiciário, cuja ementa, na parte que interessa, esclarece: "RHC – Sonegação Fiscal – Quebra de Sigilo Bancário – Impossibilidade. É ilícita a prova obtada por meio de quebra de sigilo bancário, sem autorização judicial. Recurso Provido".

Entretanto, a solução do problema fica mais tormentosa quando diz respeito ao critério da proporcionalidade, da jurisprudência alemã, também conhecido como da razoabilidade nos Estados Unidos, e que no Brasil, segundo Camargo Aranha,[68] pode ser chamado de interesse predominante. Tal teoria é derivada do Princípio do Estado de direito.[69] Trata-se, informa Bergmann,[70] de uma exceção aos princípios constitucionais que vedam a prova ilícita, baseada num equilíbrio entre valores fundamentais conflitantes. O princípio da proporcionalidade reconhece a inconstitucionalidade da prova ilícita; entretanto, permite ao julgador cotejar a aceitação pura e simples das garantias constitucionais, fulminando a prova ilícita, e a sua admissão, sacrificando algum valor insculpido na constituição, para escolher o caminho mais justo e buscar

---

[67] Lex – JSTJ e TRFs, vol. 103, p. 321.
[68] ARANHA, Adalberto José Q. T. Camargo. *Da Prova no Processo Penal*, São Paulo: Saraiva, 1996, p. 56.
[69] Nesse sentido: BERGMANN, Érico R. *Prova Ilícita, Estudos MP 5*, Porto Alegre: Escola Superior do Ministério Público/Associação do Ministério Público, 1992, p. 17; NERY JUNIOR, Nelson. *Princípios Constitucionais do Processo Civil*, São Paulo: RT, 1999, p. 153.
[70] BERGMANN, Érico R., obra citada, p. 16 e 17.

o apanágio da justiça. A respeito dessa teoria, Grinover[71] elucida: "... poderia transformar-se no instrumento necessário para a salvaguarda e manutenção de valores conflitantes, desde que aplicado única e exclusivamente em situações tão extraordinárias que levariam a resultados desproporcionais, inusitados e repugnantes se inadmitida a prova ilicitamente colhida".

Suponha-se que, ainda respondendo ao indagado, o documento decorrente de rompimento do sigilo bancário, sem autorização judicial, por parte de um empregado de instituição financeira e que está sendo processado por apropriação de numerário do correntista, comprove que o montante foi desviado para a conta de terceiro. Este, de fato, é quem indevidamente apropriou-se do numerário. Em tal situação, onde está em jogo o direito de liberdade do acusado, deve vingar o princípio da razoabilidade. Ou seja, o direito de liberdade deve prevalecer sobre o direito à intimidade do verdadeiro criminoso, que teve violados os seus dados bancários. Seria injusto e repugnante que o documento contendo a prova da inocência não pudesse ser admitido.

E se, ao contrário, alguém estivesse sendo acusado de peculato ou seqüestro, mas as testemunhas estivessem desaparecidas, ou falecidas, e a prova da autoria do crime estivesse no valor depositado em certo banco. A autoridade policial, então, diligencia e, sem autorização judicial, consegue o documento que demonstra estar o produto do crime em nome do réu. Tal prova deveria ser admitida para condenar o réu? Em realidade, a doutrina brasileira inclina-se por afirmar que o princípio da proporcionalidade deve incidir para favorecer o acusado.[72] A propósito, Gomes[73] diz: "A regra da inadmissibilidade da prova ilícita (art. 5°, inc. LVI) encontra uma única exceção no âmbito do processo penal: pode ser produzida e é válida, se em favor do acusado, porque agora interessa mais a proclamação da inocência que a preservação da intimidade ou privacidade. A doutrina nacional é amplamente favorável a esse entendimento: Ada P. Grinover, Mirabete, Márcio Barandier, Vicente Greco Filho e Antônio Carlos Barandier". O tema do critério da

---

[71] GRINOVER, Ada Pellegrini; FERNANDES, Antonio Scarance; GOMES FILHO, Antonio Magalhães. *As Nulidades no Processo Penal*, São Paulo: Revista dos Tribunais, 1997, p. 134.

[72] Nesse sentido: TOURINHO FILHO, Fernando da Costa, ob.cit., vol. 3, p. 235; MIRABETE, Julio Fabbrini. *Processo Penal*, Atlas, São Paulo, 1997, p. 260; GRINOVER, Ada Pellegrini; FERNANDES, Antonio Scarance; GOMES FILHO, Antonio Magalhães. *As Nulidadades no Processo Penal*, São Paulo: RT, 1997, p. 134 e 135.

[73] GOMES, Luiz Flávio; CERVINI, Raúl. *Interceptação Telefônica*, São Paulo: RT, 1997, p. 147.

proporcionalidade leva ao subjetivismo do exame do caso e, conforme diz Avolio,[74] as maiores incertezas advêm da errônea individualização dos valores em jogo.

De outro ângulo, não se pode deixar de registrar que o Supremo Tribunal Federal tem aplicado a regra do direito americano revelada pela expressão *fruits of the poisonous tree* (frutos da árvore envenenada).[75] Esta teoria tem relação com a prova ilícita por derivação, isto é, a prova por si mesma é lícita, mas nela se chegou por meio ilícito. Segundo o STF, tal prova por estar contaminada ou viciada pela primeira ilicitamente obtida, deve ser desconsiderada, razão pela qual se diz que o vício da *planta se transmite aos seus frutos*.

Quando no processo existem outras provas independentes das provas ilícitas, suficientes, por si mesmas, para fundamentar o decreto condenatório, torna-se possível a condenação com base exclusivamente nas lícitas. É a chamada teoria da fonte independente da prova,[76] que foi acolhida no STF, no ROHC nº 74.807-4,[77] conforme se vê da seguinte ementa: "Recurso de Habeas Corpus. Crimes Societários. Sonegação Fiscal. Prova Ilícita. Violação de Sigilo Bancário. Coexistência de prova ilícita e autônoma. Inépcia da denúncia: ausência de caracterização. 1. A prova ilícita, caracterizada pela violação de sigilo bancário sem autorização judicial, não sendo a única mencionada na denúncia, não compromete a validade das demais provas que, por ela não contaminadas e delas não decorrentes, integram o conjunto probatório. 2. Cuidando-se de diligência acerca de emissão de 'notas frias', não se pode vedar à Receita Federal o exercício da fiscalização através do exame dos livros contábeis e fiscais da empresa que as emitiu, cabendo ao juiz natural do processo formar a sua convicção sobre se a hipótese comporta ou não conluio entre os titulares das empresas contratante e contratada, em detrimento do erário. 3. Não estando a denúncia respaldada exclusivamente em provas obtidas por meios ilícitos, que devem ser desentranhadas dos autos, não há porque declarar-se a sua inépcia porquanto remanesce prova lícita e autônoma, não contaminada pelo vício de inconstitucionalidade."

---

[74] AVOLIO, Luiz Francisco Torquato. *Provas Ilícitas*, São Paulo: RT, 1999, p. 162.

[75] MIRABETE, Julio Fabbrini, ob. cit., p. 261; Luciana Fregadolli, ob.cit., p. 222.

[76] GOMES, Luiz Flávio; CERVINI Raúl. *Interceptação telefônica*, São Paulo: RT, 1997 p. 146.

[77] Publicado no DJ de 20.6.1997, p. 28.507.

O Superior Tribunal de Justiça também reconhece a teoria da fonte independente, eis que do RHC 6.775-MG,[78] pode-se extrair o seguinte: "1. Não é possível, no extenso acervo probatório e sem um profundo reexame das provas, o que seria vedado na via estreita do *writ*, destacar as provas ilícitas, das lícitas, visando o trancamento da ação penal. Melhor fazê-lo no decorrer da fase probatória, ou ainda, mais apropriadamente, por meio de apelação, caso tenham sido aquelas albergadas no decreto condenatório. 2 Ademais, se nem todas as provas apresentadas trazem o apontado vício, elas valem por si só, não se contaminando por aquelas que eventualmente o possuam. Recurso Improvido". A teoria da fonte independente, agasalhada na jurisprudência do STF e do STJ, pode ser perfeitamente aplicável em situação que envolva prova documental ilícita, oriunda de sigilo bancário indevidamente rompido, e qualquer outra prova.

Portanto, a informação bancária sigilosa, objeto de questionamento inicial, pode ser admitida como prova dentro dos preceitos constitucionais e legais, dentre os quais a quebra do sigilo bancário por quem é legitimado a tanto, no interesse social e para o esclarecimento de infração penal. Se a prova bancária foi conseguida por meio ilícito, deverá ser examinado o caso e aplicada a teoria da proporcionalidade, a teoria dos frutos da árvore envenenada, ou, até mesmo, a teoria da fonte independente.

11. Defesa contra a indevida quebra de sigilo bancário

Por ocasião da quebra do sigilo bancário autorizada pelo Poder Judiciário não há contraditório, o que tem sido reconhecido pela jurisprudência,[79] já que se está frente a um procedimento investigatório destinado a coletar prova de infração penal e/ou de sua autoria na esfera extrajudicial.

A característica inquisitorial desse procedimento, porém, não retira a possibilidade de que o investigado – ou outra pessoa contra a qual foi dirigida a ordem daquela violação – tenha ciência de que será quebrado o seu sigilo bancário e pretenda obstar essa medida judicialmente. Ademais, considerando que o art. 4°, § 2°, do Decreto n° 3.724/01 determinou à Receita Federal que intime o contribuinte para apresentar informações sobre movimentação financeira – em procedimento anterior

---

[78] Lex – JSTJ e TRFs, vol. 107, p. 265-269.
[79] Assim decidiu o STF no Agravo Regimental n.° 897-5-DF, in Revista dos Tribunais n° 715, p. 547-552.

à requisição de informes ao banco – pode ocorrer que este não concorde com a medida. Daí a importância de ser referido, brevemente, o mandado segurança como meio jurídico para impedir o indevido rompimento do sigilo bancário.

O mandado de segurança, assim como o *habeas corpus*, limitam o poder da autoridade, pois possibilitam o controle jurisdicional quanto aos seus atos. Ambos guardam similitude por protegerem direitos do indivíduo. Diferenciam-se, entretanto, quanto à área de incidência. O último dirige-se a coarctar constrangimento ilegal real ou potencial que possa afetar a liberdade de ir, ficar e vir, enquanto o primeiro visa a resguardar outros direitos, que não o de locomoção (excepciona-se, ainda, o fim de dar conhecimento de informações e retificação de dados, que deve ser objeto de *habeas data*).[80]

O *mandamus* está previsto no art. 5°, LXIX, da CF como ação protetora do indivíduo, cabível quando configurado direito líquido e certo e o responsável pela ilegalidade ou abuso de poder for autoridade pública ou agente de pessoa jurídica no exercício de atribuição do Poder Público. Essa liquidez e certeza, como salienta Nery Junior,[81] somente se comprova mediante prova documental apresentada de plano, com a exordial.

Assim, do ponto de vista do indivíduo que pretenda reformar a ordem de violação de seu segredo financeiro, terá que mostrar direito líquido e certo à impetração e que, por conseqüência, a autoridade agiu ilegalmente ou com abuso de poder. Exemplo disso é a ordem da quebra de sigilo bancário da pessoa que nada tem a ver com o fato em investigação, mas que teve equivocadamente o seu nome ou número de conta-corrente constante na determinação dirigida à instituição financeira. Tal prova, *in casu*, poderá ser produzida com documentos.

A jurisprudência consagra a impetração do mandado de segurança por parte de quem pretenda não ter o seu sigilo bancário quebrado.[82]

---

[80] MIRABETE, Julio Fabbrini. *Processo Penal*, São Paulo: Atlas, 1997, p. 720 e 721.

[81] NERY JUNIOR, Nelson. *Princípios do Processo Civil na Constituição Federal*, São Paulo: RT, 1999, p. 104.

[82] Nesse sentido: STF (MS 25.668/DF, DJ de 4.8.2006, p. 27; MS 24.749/DF, DJ de 5.11.2004, p. 6; MS 23.882/PR, DJ de 1°.2.2002, p. 85; MS 23.879/DF, DJ de 16.11.2001, p. 8); STJ (REsp 541.740/SC, DJ 30.11.2006, p. 150; REsp 529.468/SC, DJ de 30.11.2006, p. 149; REsp 810428/RS, DJ de 18.9.2006, p. 286; ROMS 17.249/RJ, DJ de 12.6.2006, p. 542; ROMS n° 9.176/MG, DJ de 29.6.1998, p. 242); TRF – 4ª Região (20047200017071-9, de 26.9.2007; 20030401027650-7, de 10.7.2007; 20047100013170-0, de 11.4.2007; 20060400039669-4, de 27.2.2007).

O Tribunal de Justiça do Rio Grande do Sul,[83] apreciando mandado de segurança contra a decisão judicial que acolheu o requerimento do Ministério Público de que fosse quebrado o sigilo para esclarecer crime fiscal, conheceu da impetração, mas a denegou: "Mandado de Segurança. Quebra de Sigilo Bancário. Crime de Sonegação Fiscal. Não se constitui em ato abusivo ou ilegal pela quebra de sigilo, a determinação para o fornecimento de dados sobre movimentações bancárias, para apuração de crime de sonegação fiscal ... Segurança Denegada".

Por último, cabe ressaltar que o art. 5°, LXIX, da CF permite a referida impetração contra ato do Executivo, Judiciário, Legislativo, ou do Ministério Público, já que a ilegalidade ou abuso de poder poderá advir de qualquer autoridade pública. Agora, face aos termos do art. 6° da LC 105/2001, a autoridade tributária que pretender ter acesso à conta-corrente de contribuinte também poderá ser apontada como coatora em mandado de segurança.

12. Conclusão

Algumas conclusões, ao final, merecem ser ressaltadas:

1) O sigilo bancário não é um *escudo* ou *barreira* indevassável; objetiva proteger o cidadão no cotidiano de seus negócios e contra a eventual arbitrariedade do Estado e a cobiça alheia;

2) O segredo em questão encontra-se abrangido no direito constitucional da intimidade, mas poderá ser quebrado para o esclarecimento de infração penal e/ou autoria, no interesse público e da justiça;

3) O procedimento de quebra é um poderoso instrumento no combate à macrocriminalidade e, sempre que possível, deve ser utilizado pelos órgãos incumbidos de sua repressão;

4) A medida da ruptura do segredo bancário, na esfera extrajudicial, é um procedimento investigatório, sigiloso, administrativo e inquisitorial, e a jurisprudência pátria reconhece o mandado de segurança como o meio jurídico idôneo para a impugnação da indevida quebra do referido direito de privacidade;

5) O legislador, ao não legitimar o Ministério Público a quebrar o sigilo bancário (mediante requisição direta à instituição financeira e sem a prévia autorização judicial), na LC n° 105/2001, perdeu uma excelente

---

[83] Mandado de Segurança n° 694057308, de 27.7.1994, julgado pela Câmara de Férias do TJRGS.

oportunidade de terminar com a polêmica a respeito deste assunto e de dotar a Instituição, num momento em que se constata a sofisticação dos delitos em escala não-convencional, de maiores meios para uma melhor eficácia de sua atuação; entretanto, é inquestionável a atribuição do Ministério Público para requerer judicialmente a medida, comumente empregada;

6) A autoridade fazendária tem base legal para quebrar o sigilo bancário do contribuinte, porque em vigor o art. 6º da LC nº 105/2001, como vem decidindo o STJ, e este, até o momento, não foi declarado inconstitucional pelo Supremo Tribunal Federal nas Ações Diretas de Inconstitucionalidade que lá tramitam;

7) O documento de instituição financeira, correspondente à movimentação bancária do correntista, obtido por meio ilícito, não pode ser admitido como prova por colidir com a garantia constitucional da inadmissibilidade da prova ilícita, mas, excepcionalmente e dependendo do caso concreto, poderá ser aceito como elemento probatório com fundamento no princípio da razoabilidade.

— III —

O SEQÜESTRO DE BENS E A HIPOTECA LEGAL

Aureo Rogério Gil Braga

Sumário: 1. Introdução; 2. Da diversidade de seqüestros; 3. O seqüestro no âmbito dos crimes de que resulte prejuízo à Fazenda Pública; 4. Peculiaridades do Decreto-Lei nº 3.240/41; 5. Modalidades de bens seqüestráveis; 5.1. O seqüestro e o bem de família; 5.2. O seqüestro e os bens móveis e imóveis; 5.3. O seqüestro e o "penhora on-line"; 5.4. O seqüestro e os valores mobiliários e cotas-sociais; 6. Dos bens em poder de terceiros; 7. A sentença penal e o seqüestro; 8. Hipoteca legal; 9. A hipoteca legal e as inovações trazidas pelo novo Código Civil brasileiro; 10. Considerações finais.

1. Introdução

O interesse à análise das medidas cautelares na seara penal está vinculado aos efeitos decorrentes do reconhecimento da pretensão acusatória, permitindo a alavancagem necessária à consentânea utilização do aparato processual e o direcionamento à guarida e satisfação dos danos advindos pela ocorrência de crimes em que as Fazendas Públicas figurem como vítimas.

Dentre as medidas acautelatórias, o seqüestro de bens é um valioso instrumento à eficácia da persecução criminal e dos efeitos da sentença penal condenatória no raio de ação dos crimes contra a ordem tributária. Tal medida tem um alcance preciso, sendo formatada pelas disposições afeitas ao Decreto-Lei nº 3.240, de 08 de maio de 1941, e tem uma convivência profícua com outras de sua espécie – prisão preventiva, quebra dos sigilos bancário e fiscal, interceptação telefônica, etc. – apresentando-se como um poderoso ferramental à recomposição do patrimônio público diuturnamente vilipendiado por aqueles que refutam a defesa da cidadania, a livre concorrência, enfim, a salvaguarda da *res* (coisa) *publica* (de todos).

Referida autuação está voltada à defesa dos princípios de justiça e do interesse comum, contrária àquela pautada pelos autores dos crimes lesa-pátria que militam em buscam do lucro fácil e fomentam a concorrência desleal, prejudicando as linhas mestras da ordem econômica-constitucional – livre concorrência e liberdade de iniciativa –, cuja pedra angular está centrada na figura do empresário-cidadão, cuja ação produtiva tem a preocupação de agregar o recolhimento dos tributos necessários à manutenção das despesas decorrentes do pacto político vigente.

Tais amarras legais não objetivam, tão-somente, a satisfação dos tributos devidos, mas fazer com que o Estado zele pelo respeito àqueles princípios constitucionais inerentes à ordem econômica, haja vista que um mercado onde somente algumas pessoas socorrem à satisfação das despesas decorrentes da vida em comum não assegura o respeito e a mútua fidelidade inerente às relações comercias.

Não basta, certamente, a redução pura e simples da carga tributária, mas a luta e o envolvimento das instituições à consentânea prestação dos serviços essenciais pelos governantes (saúde, educação, assistência social, transporte, lazer, etc.), pois, a par da crítica reinante, o Brasil registrou a carga tributária bruta de 35,86% do Produto Interno Bruto (PIB) no ano de 2002, compatível com a de muitos outros Estados, tais como: países nórdicos (50%), França (40%), Alemanha (45%), Estados Unidos e Japão (ambos 30%).[1] Nos anos subseqüentes, esta carga tributária bruta do Brasil correspondeu aos seguintes percentuais do PIB: 2003 – 35,84%; 2004 – 35,91%; 2005 – 37,37%, e 2006 – 38,88%.

Assim, sob este quadro de moldura inerente à lei que tipifica os crimes contra a ordem tributária, procurar-se-ão traçar os contornos do processo penal e normas afins respeitantes ao seqüestro dos bens tendentes a garantir a recomposição dos prejuízos advindos à Fazenda Pública.

2. Da diversidade de seqüestros

O direito brasileiro abriga inúmeros processos penais não-condenatórios, circunscrevendo-lhe a necessária autonomia, muito embora, evidencie o caráter conexo e complementar. Neste âmbito, José Frede-

---

[1] Dados indicados pelo Coordenador-Geral de Política Tributária da Receita Federal, Márcio Verdi, em Zero Hora, edição de 09.05.03, p. 28.

rico Marques[2] dispunha com maestria: "Afigura-se-nos indiscutível a existência da 'pluralidade de ações penais' e, por conseguinte, a da 'pluralidade de processos penais'. Conforme já escrevemos, irrecusável é que o processo penal não conhece apenas as ações tendentes a levar a julgamento pretensões acusatórias para pedir a aplicação do *jus puniendi*. Desde que se invoque o Direito penal objetivo e desde que a sentença se baseie em normas deste, não cabe dúvida de que se trata de ação penal".

Ditas características – instrumentalidade e autonomia – do processo penal revestem-se de suma importância, pois, ora evidenciam o caráter precário e provisório, enquanto, mais além, denotam a exigência dos pressupostos fundamentais à sua concessão: o *periculum in mora* e o *fumus boni iuris*.

Na linha de argumentação deste renomado processualista, os processos não-condenatórios compreendem: os processos cautelares, os processos complementares, o *habeas corpus*, e a revisão criminal. Dos quais, nos limites afeitos ao tema em cotejo, interessa-nos suscitar os princípios e contornos dos processos cautelares, vale dizer, das medidas tendentes a assegurar o ressarcimento dos danos decorrentes dos crimes perpetrados contra a Fazenda Pública: o seqüestro de bens e a hipoteca legal.

Diversas modalidades de seqüestro são abrigadas na legislação pátria, contudo, mais acertadamente, a precisa nomenclatura levaria ao reconhecimento do arresto[3] em inúmeros casos. Pois, sob o ângulo da terminologia inerente ao processo cautelar, o seqüestro remete à apreensão do próprio bem litigioso, ou seja, o bem diretamente vinculado ao conflito de interesses posto sob o crivo da decisão judicial, enquanto o arresto é um instituto processual inerente a todo e qualquer bem passível de garantir o ressarcimento dos danos ou da pretensão levada a efeito pela parte. Não obstante, os pressupostos e as condições de pro-

---

[2] MARQUES, José Frederico. *Elementos de Direito Penal*. Campinas: Bookseller, 1997, p. 26.

[3] OLIVEIRA, Carlos Alberto Alvaro e LACERDA, Galeno. *Comentários ao código de processo civil; volume VIII, tomo II, arts. 813 a 889*. 2ª ed. Rio de Janeiro: Forense, 1991, p. 3: "Cumpre o arresto, na prática, o preceito fundamental do direito das obrigações de os bens do devedor, genérica e inespecificamente, responderem pelos débitos deste. O seqüestro, diversamente, visa ao próprio bem litigioso – e nesse sentido pode constituir, também, cautela preventiva da execução –, prestando-se, eventualmente, à apreensão judicial de imóvel (para não confundi-lo com a busca e apreensão ou a exibição de coisa móvel) com a finalidade de assegurar a realização de vistorias ou perícias, em função inclusive do processo de conhecimento".

cedibilidade à decretação destas medidas cautelares são amplamente descritos no estatuto processual civil vigente e leis esparsas, destas, especificamente, evidenciando-se o Decreto-Lei n° 3.240/41.

Ademais, respeitados os requisitos gerais e específicos no âmbito das medidas cautelares nominadas e inominadas, o princípio da fungibilidade confere toda sua força ao poder geral de cautela do juiz e o enquadramento que este acolha como o mais adequado.

Traçadas estas premissas, tem-se o seqüestro como medida acautelatória, no universo legal, dentre outras, no âmbito dos seguintes diplomas legais:

a) dos artigos 125 a 144 do Código de Processo Penal, tendentes a assegurar a reparação civil dos danos oriundos do crime perpetrado, cuja aquisição dos bens tenham relação direta com os proventos da infração;

b) do art. 4°, *caput*, da Lei n° 9.613/98, que dispõe sobre os crimes de "lavagem" ou ocultação de bens, direitos e valores e medidas afins. Uma viabilidade de acautelamento marcada pela aquisição do bem com os fundos criminosos auferidos pela prática dos crimes de tráfico ilícito de entorpecentes ou drogas afins, terrorismo, e demais condutas especificadas no seu art. 1°;

c) nos contornos delineados pelo art. 16 da Lei de Improbidade Administrativa (Lei n° 8.429/92), obedecendo-se ao rito disposto nos artigos 822 a 825 do Código de Processo Civil, e

d) nas feições propostas pelo Decreto-Lei n° 3.240/41 por crimes de que resulte prejuízo à Fazenda Pública.

No mais, numa linha mais tênue e sem a protetividade marcada pelo Decreto-Lei n° 3.240/41, o legislador pátrio instituiu a medida cautelar fiscal (Lei n° 8.397/92), alocando como disposições proeminentes a indisponibilidade dos bens e a outorga da legitimidade à Fazenda Pública, cujas especificidades adotam os meandros inerentes aos procedimentos cautelares, tais como: a natureza civil, o caráter preparatório e incidental, e a conexão e provisoriedade com a ação principal (execução fiscal).

Com efeito, delineando as diferenças desta medida com o seqüestro abordado, ensina Andreas Eisele:[4] "O instituto difere da medida cautelar fiscal, instituída pela Lei n° 8.397/92. Que torna indisponíveis

---

[4] *Crimes Contra a Ordem Tributária*. 2ª ed. São Paulo: Dialética, 2002, p. 246.

bens do devedor tributário, eis que esta tem natureza civil e é aplicável para fins de execução fiscal e não indenização por dano *ex delicto"*

3. O seqüestro no âmbito dos crimes de que resulte prejuízo à Fazenda Pública

Na esteira das medidas cautelares, o seqüestro concebido pelo Decreto-Lei nº 3.240/41[5] tem como pressupostos gerais a fumaça do bom direito e o perigo da demora. Aquela, representa uma pretensão viável,

---

[5] DECRETO-LEI Nº 3.240 – DE 8 DE MAIO DE 1941 – DOU DE 31/12/1941. Art. 1º Ficam sujeitos a seqüestro os bens de pessoa indiciada por crime de que resulta prejuízo para a fazenda pública, ou por crime definido no Livro II, Títulos V, VI e VII da Consolidação das Leis Penais desde que dele resulte locupletamento ilícito para o indiciado. Art. 2º O seqüestro é decretado pela autoridade judiciária, sem audiência da parte, a requerimento do ministério público fundado em representação da autoridade incumbida do processo administrativo ou do inquérito policial. § 1º A ação penal terá início dentro de noventa dias contados da decretação do sequestro. § 2º O seqüestro só pode ser embargado por terceiros. Art. 3º Para a decretação do seqüestro é necessário que haja indícios veementes da responsabilidade, os quais serão comunicados ao juiz em segredo, por escrito ou por declarações orais reduzidas a termo, e com indicação dos bens que devam ser objeto da medida. Art. 4º O seqüestro pode recair sobre todos os bens do indiciado, e compreender os bens em poder de terceiros desde que estes os tenham adquirido dolosamente, ou com culpa grave. Os bens doados após a prática do crime serão sempre compreendidos no seqüestro. § 1º Quanto se tratar de bens móveis, a autoridade judiciária nomeará depositário, que assinará termo de compromisso de bem e fielmente desempenhar o cargo e de assumir todas as responsabilidades a este inerentes. § 2º Tratando-se de imóveis: 1) o juiz determinará, *ex-officio*, a averbação do seqüestro no registo de imóveis; 2) o Ministério Público promoverá a hipoteca legal em favor da Fazenda Pública. Art. 5º Incumbe ao depositário, além dos demais atos relativo ao cargo: 1) informar à autoridade judiciária da existência de bens ainda não compreendidos no seqüestro; 2) fornecer, à custa dos bens arrecadados, pensão módica, arbitrada pela autoridade judiciária, para a manutenção do indiciado e das pessoas que vivem a suas expensas; 3) prestar mensalmente contas da administração. Art. 6º Cessa o seqüestro, ou a hipoteca: 1) se a ação penal não é iniciada, ou reiniciada, no prazo do artigo 2º, parágrafo único; 2) se, por sentença, transitada em julgado, é julgada extinta a ação ou o réu absolvido. Art. 7º A cessação do seqüestro, ou da hipoteca, não exclui: 1) tratando-se de pessoa que exerça, ou tenha exercido função pública, à incorporação, à Fazenda Pública, dos bens que foram julgado de aquisição ilegítima; 2) o direito, para a Fazenda Pública, de pleitear a reparação do dano de acordo com a lei civil. Art. 8º Transitada em julgado, a sentença condenatória importa a perda, em favor da Fazenda Pública, dos bens que forem produto, ou adquiridos com o produto do crime, ressalvado o direito de terceiro de boa fé. Art. 9º Se do crime resulta, para a Fazenda Pública, prejuízo que não seja coberto na forma do artigo anterior, promover-se-á, no juízo competente, a execução da sentença condenatória, a qual recairá sobre tantos bens quantos bastem para ressarci-lo. Art. 10. Esta lei aplica-se aos processos criminais já iniciados na data da sua publicação.

calcada num juízo de probabilidade e aferível no processo principal (penal), posto sob o espectro da instrumentalidade hipotética de Calamandrei.[6] Por sua vez, tomando por base a dilação processual, o *periculum in mora* está fulcrado no risco inerente à demora no curso do processo principal, isto é, que o reconhecimento do direito de punir do Estado pela competente sentença condenatória ocorra em tempo hábil, de molde a não permitir a alteração da situação patrimonial do réu, frustrando o ressarcimento civil devido pela existência de crime contra a Fazenda Pública.

Os pressupostos específicos exigíveis ao reconhecimento desta modalidade de seqüestro dizem respeito à prática de crime de que resulte prejuízo ao ente público e o locupletamento ilícito para o acusado, gênero delitivo no qual se insere a vertente dos crimes contra a ordem tributária.

Por derradeiro, merece realçar que a modalidade de seqüestro prevista no Decreto-Lei nº 3.240/41 vige com plena força cogente, pois aborda matéria específica não contemplada pelos artigos 125 a 144 do Código de Processo Penal. Vale dizer, aquele incide sobre todos e quaisquer bens do acusado pela prática de crimes contra a Fazenda Pública, enquanto este diz respeito aos bens auferidos com os proventos da infração penal. Esta orientação doutrinária e jurisprudencial é pormenorizadamente descrita nos excertos do Egrégio Superior Tribunal de Justiça perante o julgamento dos Recursos Especiais nºs 13.2539/SC,[7] 4.161/PB,[8] 149516/SC,[9] e 132539/SC.[10] Neste, em especial e com atualidade, o Ministro Gilson Dipp bem focaliza o tópico: "O art. 1º do Decreto-Lei nº 3.240/41, por ser norma especial, prevalece sobre o art. 125 do CPP e não foi por este revogado, eis que a legislação especial não versa sobre a mera apreensão do produto do crime, mas sim, configura específico meio acautelatório de ressarcimento da Fazenda Pública, de crimes contra ela praticados. Os tipos penais em questão regulam assuntos diversos e têm existência compatível".

---

[6] *Apud*, MARQUES, José Frederico. *Manual de Direito Processual Civil*. Campinas: Bookseller, 1997, v. IV, p. 394.

[7] Recurso Especial nº 132.539 (Santa Catarina). 6ª Turma do STJ. Relator: Min. William Patterson, DJU – 09.02.98.

[8] Recurso Mandado de Segurança nº 4.161 (Paraíba). 6ª Turma do STJ. Relator Min. Adhemar Maciel, DJU– 05.08.96, p. 24.416.

[9] Recurso Especial nº 149516 (Santa Catarina). 5ª Turma do STJ. Rel. Min. Gilson Dipp. DJU – 17/06/02.

[10] Recurso Especial nº 132539 (Santa Catarina). 6ª Turma do STJ. Rel. Min. Willian Patterson. DJU – 09/02/98.

Todos estes excertos jurisprudenciais alavancam os ensinamentos do saudoso Hely Lopes Meirelles,[11] Carlos Álvaro de Oliveira e Galeno Lacerda,[12] onde a *mens legis* adotada converge à acolhida das determinações do art. 2° da Lei de Introdução ao Código Civil, no sentido de não se objetar da ab-rogação ou derrogação de qualquer lei se esta expressamente não tiver a supressão dos seus efeitos por outro texto legal posterior ou avulte em flagrante contradição; inocorrentes na espécie. No mesmo caminho, o saudoso civilista Washington de Barros Monteiro[13] faz plena alusão ao seqüestro dos bens de pessoa indiciada por delito de que resulte prejuízo para a Fazenda Pública.

Por sua vez, o art. 11 do Decreto-Lei n° 359/68, que criou a Comissão Geral de Investigações, reza que: "Continuam em vigor o Decreto-Lei n° 3.240, de 8 de maio de 1941, e as Leis números 3.164, de 1° de junho de 1957, e 3.502, de 21 de dezembro de 1958, no que não colidirem com o disposto neste Decreto-Lei".

Nesta orientação, antes e após a promulgação da Constituição Federal (1988), o E. Tribunal gaúcho[14] tem conferido plena vigência ao

---

[11] *Direito Administrativo Brasileiro*. São Paulo: Malheiros, 19 ed., p. 423: "O seqüestro dos bens adquiridos pelo indiciado com o produto da infração penal está genericamente disciplinado no CPP, arts. 125 a 144. Todavia, quando a vítima é a Fazenda Pública, o procedimento é o previsto no Dec.-Lei 3.240, de 8.5.41, expressamente revigorado pelo Dec.-Lei 359/68 (art.11). Nesse caso, é requerido pelo Ministério Público, por representação da autoridade policial ou administrativa, dependendo sua subsistência da instauração da ação penal no prazo de noventa dias (arts. 6°, I, e 2°, § 1°)."

[12] *Comentários ao Código de Processo Civil*. Rio de Janeiro: Forense, 2ª ed. (1991), Vol. VIII, Tomo II, p. 66: "Em alguns casos, a lei provê, explicitamente, quanto a legitimação do Ministério Público: a) Decreto-Lei n. 3.240, de 08.05.41, art. 2°, quanto aos bens das pessoas indiciadas por crime de que resulte prejuízo à Fazenda Pública; b) Decreto-Lei n. 3.415, de 10.07.41, art. 2°, relativamente aos bens apreendidos dos acusados de crime contra a Fazenda Nacional; c) Decreto-Lei n. 3.931, de 11.12.41 (Código de Processo Penal), art. 127, referindo-se ao seqüestro (penal) dos bens imóveis adquiridos pelo indiciado com proventos da infração, mesmo que transferidos a terceiro". (Atualmente, 4ª edição, 1999, p. 99).

[13] *Curso de Direito Civil*. São Paulo: Saraiva, 1988. Vol. 3, p. 424.

[14] MANDADO DE SEGURANÇA. Não há que se falar em revogação de diploma que normatiza situações diversas das previstas no Código. Rito do Seqüestro dos bens do indiciado por crime de que resulta prejuízo para a Fazenda Pública Estadual. Dec.-Lei 3.240 de 08.05.41. Ordem denegada. Unânime. Mandado de Segurança n° 692 031 222. 03.06.92. Rel. Des. Luiz Felipe Vasques de Magalhães. 1ª Câmara Criminal. SEQÜESTRO DE BENS. O Dec.-Lei 3.240 de 1941 dispõe que ficam sujeitos a seqüestro os bens de pessoa indiciada por crime de que resulta prejuízo a fazenda pública. O seqüestro pode recair sobre todos os bens do indiciado, sejam móveis ou imóveis. TJRGS, RMS n° 693151565, 03.11.94, Segunda Câmara Criminal, Relator Milton Martins Soares, Lajeado. SONEGAÇÃO FISCAL. O seqüestro de bens previsto no Dec.-Lei n° 3240 de 1941,

Decreto-Lei n° 3.240/41, cingindo o conteúdo das recentes discussões sobre o alcance de certas nuanças da lei (mandado de segurança em matéria criminal,[15] absolvição e levantamento da constrição judicial sobre a meação,[16] a especialização de bens em hipoteca legal e o contraditório,[17] etc.), exsurgindo a escorreita afirmação do diploma legal protetivo da Fazenda Pública.

---

tem natureza acautelatória e repousa na garantia de reparação do prejuízo acarretado à Fazenda Pública. Não importa a procedência dos bens o que importa e examinar a avaliação dos mesmos, comparativamente ao montante do débito. TJRGS, RCR n° 694027921, 17.11.94, 2ª Câmara Criminal, Relator Milton Martins Soares. MANDADO DE SEGURANÇA. INDEFERIMENTO DE LEVANTAMENTO DE BENS SEQÜES-TRADOS ADQUIRIDOS POR TERCEIRO DE BOA FÉ. Decisão que indefere levantamento de seqüestro, por ter força de definitiva, é apelável. Apelação não interposta. Não comprovação de dano irreparável nem de flagrante ilegalidade, por que embargável a decisão, a qualquer tempo, cuja decisão não poderá ocorrer antes do trânsito em julgado de possível sentença condenatória. Decisão impetrada que transitou em julgado. Incidência da Súmula 268. Impetração não conhecida. Mandado de Segurança n° 693 005 597. 25/03/93. Relator: Luís Carlos Ávila de Carvalho Leite. 3ªCâmara Criminal.

[15] MANDADO DE SEGURANÇA EM MATÉRIA CRIMINAL. SEQÜESTRO DE BENS DO INFRATOR. Não prevendo a lei recurso com efeito suspensivo contra decisão liminar que determina o seqüestro (arresto) dos bens do delinqüente destinados a indenizar o ofendido, admite-se a proposição de mandado de segurança. Denega-se a segurança quando o autor não demonstra de plano que o arresto dos valores de sua conta bancária excederam de muito o preço da futura indenização e custas do processo, nem que está legitimado a requerer em favor de terceiro de boa fé. Mandado de Segurança n° 70001441823. Relator: Des. Vladimir Giacomuzzi. 4ª Câmara Criminal. 14.12.2000.

[16] SEQÜESTRO. ABSOLVIÇÃO DA RÉ, CÔNJUGE DO DEVEDOR DE TRIBUTOS. EFEITOS. Com a absolvição da ré, esposa do devedor principal, em débito fiscal, no processo criminal que deu ensejo a tal medida, imperioso se faz o levantamento do seqüestro da meação daquela que, apesar de cônjuge do devedor, nada deve. Apelação Crime n° 699300943. Relator: Des. Walter Jobim Neto. 2ª Câmara Criminal. 15.06.2000.

[17] PROCESSUAL PENAL. RECURSO. PRAZO. ESPECIALIZAÇÃO DE BENS. CONTRADITÓRIO. Se não intimado o defensor dos réus da ação penal, que figuram no pólo passivo de pedido de especialização de hipoteca sobre bens, não há como dar-se pela intempestividade do recurso que manifesta. Não há violação ao princípio do contraditório se aos figurantes do pólo passivo é dado intervir no procedimento, e, mais do que isso, efetivamente intervêm, representados por procurador, manifestando-se sobre o pedido de especialização e laudo de avaliação, com estes, aliás, concordando. Laudo, outrossim, que não precisava ser firmados por dois peritos. Decisão judicial que não desatendeu ao requisito da motivação, ainda mais em feito onde não se estabeleceu, concretamente, controvérsia. Extemporâneas alegações, só no recurso, de dupla garantia, nem comprovadas, e de deficiências formais da especialização, sem o porte de justificar a anulação do procedimento. Apelo não provido. Apelação Crime n° 699300968. Relator: Marcelo Bandeira Pereira. 1ª Câmara Criminal. 15.06.2000.

A título de exemplificação, trago à baila recentes excertos jurisprudenciais da Corte gaúcha,[18] cuja ementa dispõe:

> Apelação. crime contra a ordem tributária. seqüestro de bens. Decreto-Lei 3.240/41. vigência. legitimidade do ministério público.
> A jurisprudência, tanto do STJ como desta Câmara, é pacífica quanto à vigência do Decreto-Lei 3.240/41, que foi recepcionado pela CF/88 e prevê situação específica, possibilitando a constrição de todos os bens do indiciado, independentemente do fato de terem sido adquiridos em decorrência da prática de fraude fiscal. A legitimidade do Ministério Público está prevista no art. 2º do decreto e também encontra fundamento nos arts. 127, *caput* e 129, inciso III, da CF. Recurso provido.

Coerentes sustentáculos doutrinários, também, amparam este posicionamento, v. g., Alécio Adão Lovatto[19] e Andreas Eisele.[20]

O primeiro, referindo que:

> Existe o seqüestro previsto no Código de Processo Penal, em seus artigos 125 e ss., cuja finalidade é a apreensão dos bens imóveis adquiridos com o produto do crime. Nele, fundamental é a prova de que o bem se originou do produto da infração. O indiciado, caso não tenha sido esta a origem do bem, pode opor embargos evitando que permaneça ou se estabeleça o seqüestro.
> Semelhante instrumento pode ser usado pelo Ministério Público, mas existe, especificamente, para o caso de crimes contra a ordem tributária, o seqüestro previsto no Decreto-Lei nº 3.240/41, pelo qual "ficam sujeitos a seqüestro os bens de pessoa indiciada por crime de que resulta prejuízo para a Fazenda Pública ou crime (...) desde que dele resulte locupletamento ilícito para o indiciado".

O último festejado autor aduz:

> É efeito automático da condenação criminal tornar certo o dever de o autor do fato reparar o dano causado à vítima por sua conduta (art. 91, I, do CP). Para assegurar a efetividade da indenização posterior, a lei prevê medidas cautelares que vinculam determinados bens à obrigação decorrente do ato ilícito reconhecido no juízo penal, sobre os quais poderá recair posteriormente a execução para a satisfação da indenização.

---

[18] Apelação-Crime n° 70019411719, 4ª Câmara Criminal do Tribunal de Justiça do Rio Grande do Sul, Rel. Gaspar Marques Batista (09.06.05). HC N° 70019398353.TJRS. 4ª Câmara Criminal. Rel. Des. Gaspar Marques Batista (RELATOR). 11/10/07. apelação. crime contra a ordem tributária. Sequestro de bens. Titularidade do Ministério Público. Vigência do Dec.-Lei 3.240/41. A jurisprudência, tanto do STJ como desta Câmara, é pacífica quanto à vigência do Decreto-Lei 3.240/41, que foi recepcionado pela CF / 88 e prevê situação específica, possibilitando a constrição de todos os bens do indiciado, independentemente do fato de terem sido adquiridos em decorrência da prática de fraude fiscal. A legitimidade do Ministério Público está prevista no art. 2° do decreto e também encontra fundamento nos arts. 127, *caput*, e 129, inciso III, da CF. Recurso provido.

[19] *Crimes Tributários*. Porto Alegre: Livraria do Advogado, 2003, p. 195 a 199.

[20] *Crimes Contra a Ordem Tributária*. 2ª ed. São Paulo: Dialética, 2002, p. 246.

Para tanto, o CPP prevê, nos arts. 125 e 137, a possibilidade de decretação do seqüestro de bens móveis e imóveis adquiridos pelo agente com os proventos da infração.

Não obstante, o Decreto-Lei nº 3.240, de 8 de maio de 1941, que trata do seqüestro de bens de pessoas autoras de crimes dos quais resulte prejuízo para a fazenda pública (como é o caso de alguns crimes contra a ordem tributária), estabeleceu uma situação especial na qual a medida (seqüestro) pode ser decretada, consistente na hipótese em que a fazenda se encontra na posição de sujeito passivo de delito.

No âmbito de incidência da medida constritiva especial, não há vínculo limitador de sua abrangência aos bens adquiridos pelo agente com os proveitos da infração (diversamente da situação abrangida pela regra veiculada pelo CPP), eis que a lei não estabeleceu tal condição. Portanto, a medida excepcional pode recair sobre qualquer bem do agente, adquirido ou não com os proventos da infração, mesmo que tenham sido adquiridos anteriormente à ocorrência do delito. Ou seja, abrange todo o patrimônio do agente.

4. Peculiaridades do Decreto-Lei n° 3.240/41

O Ministério Público está legitimado à propositura da presente medida acautelatória (art. 2°), instituição comprometida com a defesa do interesse público, com o regime democrático e o estado de direito, a par do reconhecimento perfilhado pelo legislador constituinte de 1988.

Tal medida lança suas amarras em prol da reparação dos danos advindos à Fazenda Pública, prescindindo da oitiva da parte adversa para a sua decretação (art. 2°, *caput*), dado que a cientificação ou a realização de audiência prévia traria embaraços à plena perfectibilização do seqüestro, v. g., a ocultação de bens, as fraudulentas transferências da titularidade, etc.

Porém, dito contexto não impede a intimação dos demandados após a apreensão dos bens corpóreos e a anotação nos peculiares registros, ou não sendo estes localizados após a inscrição devida, bem como posteriormente à averbação do seqüestro no cartório do respectivo Registro Imobiliário, em estrita observância aos princípios constitucionais da ampla defesa e devido processo legal. Deste princípio, especialmente, evidenciando que o devido processo legal[21] não é mero sinônimo de

---

[21] SILVA, José Afonso da. *Curso de Direito Constitucional Positivo*. São Paulo: Malheiros, 1998, p. 432-433: "Direito ao devido processo legal. O princípio do devido processo legal entra agora no Direito Constitucional positivo com um enunciado que vem da Carta Magna inglesa: ninguém será privado da liberdade ou de seus bens sem o devido processo legal (art. 5°, LIV). Combinado com o direito de acesso à Justiça (art. 5°, XXXV) e o contraditório e a plenitude da defesa (art. 5° LV), fecha-se o ciclo das garantias processuais. Garante-se o processo, e 'quando se fala em 'processo', e não em simples procedimento alude-se, sem dúvida, a formas instrumentais adequadas, a fim de que a prestação jurisdicional, quando entregue pelo estado, dê a cada um o que é seu, segundo os imperativos da ordem jurídica. E isso envolve a garantia do contraditório, a

procedimento, mas respeito àquelas garantias constitucionais individuais.

Não há, ainda, de olvidar que o deferimento desta modalidade de seqüestro é uma espécie de tutela cautelar que contém uma natureza satisfativa, isto é, com a precípua função de garantir os efeitos decorrentes da pretensão acusatória (processo de conhecimento penal), restando, após o seu deferimento, oportunizar a intervenção do demandado para o exercício constitucional da defesa que entender pertinente.

A teor do art. 2º, § 2º, do diploma legal em comento, somente são oponíveis os embargos de terceiro na dita ação conexa e instrumental, todavia, eventuais irresignações tem o socorro da ação mandamental, desde que não procurem limitar o seqüestro a determinados bens ou reclamar de pretenso excesso porque aí não existe liquidez.[22]

Naqueles embargos, terceiro é aquele que é possuidor ou proprietário da coisa, não tendo qualquer vinculação com o acometimento do delito, tendo-a adquirido com a pressuposição de ser lícita, restando-lhe como tese defensiva a aquisição do bem via erro invencível. Nesta condição, poderá pleitear a restituição do bem ou a retirada da constrição judicial ao término ou mesmo no curso do processo criminal.

Na via recursal, a apelação[23] (art. 593, inciso II, do Código de Processo Penal) é o meio adequado à decisão que indefere o seqüestro, restando o mandado de segurança como o supedâneo à decisão deferitória.[24]

Urge, ainda, mencionar que o seqüestro pode ser incidental ou preparatório, condição em que, respectivamente, é oferecido em conjunto com a exordial incoativa ou a antecede, porém, tem a sua eficácia condicionada ao ajuizamento da ação penal no prazo máximo de 90 dias (art. 2º, § 1º). A modalidade preparatória reveste-se de suma importância, pois permite a instrumentalidade necessária à segurança do juízo criminal, evitando a supressão, dilapidação, ou ocultação de bens pelos acusados.

---

plenitude do direito de defesa, a isonomia processual e a bilateralidade dos atos procedimentais', conforme autorizada lição de Frederico Marques".

[22] Mandado de Segurança nº 70004324810, 4ª Câmara Criminal do Tribunal de Justiça do Rio Grande do Sul, Rel. Vladimir Giacomuzzi (06.06.2002).

[23] Mandado de Segurança nº 693 005 597. 25/03/93. Relator: Luís Carlos Ávila de Carvalho Leite. 3ª Câmara Criminal.

[24] Mandado de Segurança nº 70001441823. Relator: Des. Vladimir Giacomuzzi. 4ª Câmara Criminal. 14.12.2000.

5. Modalidades de bens seqüestráveis

O *caput* do art. 4° do Decreto-Lei n° 3.240/41 estende os seus efeitos a todos e quaisquer bens[25] pertencentes aos envolvidos nos crimes de lesa-pátria cometidos (a teor do art. 4°). Máxime quando, a análise dos autos demonstrar que os acusados são proprietários de bens imóveis,[26] móveis, fungíveis, semoventes, direitos autorais, marcas e patentes, ações, quotas sociais, etc., considerados no amplo espectro de alienáveis e não *extra commercium*.[27]

Num primeiro momento, a ordem legal de preferência dos bens passíveis de seqüestro esta atrelada à disposição contida no artigo 655 do Estatuto Processual Civil, a saber:

> Art. 655. A penhora observará, preferencialmente, a seguinte ordem:
> I – dinheiro, em espécie ou em depósito ou aplicação em instituição financeira;
> II – veículos de via terrestre;
> III – bens móveis em geral;
> IV – bens imóveis;
> V – navios e aeronaves;
> VI – ações e quotas de sociedades empresárias;
> VII – percentual do faturamento de empresa devedora;
> VIII – pedras e metais preciosos;
> IX – títulos da dívida pública da União, Estados e Distrito Federal com cotação em mercado;
> X – títulos e valores mobiliários com cotação em mercado;
> XI – outros direitos.
> § 1º Na execução de crédito com garantia hipotecária, pignoratícia ou anticrética, a penhora recairá, preferencialmente, sobre a coisa dada em garantia; se a coisa pertencer a terceiro garantidor, será também esse intimado da penhora.
> § 2º Recaindo a penhora em bens imóveis, será intimado também o cônjuge do executado.
> (Artivo com redação dada pela Lei nº 11.382, de 2006).

No que tange à modalidade de seqüestro em análise, vale dizer que esta escala de preferências à indicação dos bens sequestráveis não é absoluta, mas voltada ao contexto fático de quem pleitea a sua disponibilidade, pois, o autor não tem como mapear de antemão todo o acervo

---

[25] Apelação-Crime n° 70011408069, 4ª Câmara Criminal do Tribunal de Justiça do Rio Grande do Sul, Rel. Gaspar Marques Batista (09.06.05).

[26] Neste âmbito, estando equiparados por lei os navios (art. 1.473, inciso VI, do Código Civil) e as aeronaves (arts. 1.473, inciso VII, do Código Civil e 19 do Código Brasileiro do Ar – Decreto-Lei n° 483, de 08 de junho de 1938).

[27] Definição dada pelo art. 69 do anterior Código Civil (1.917), cujo matéria não foi objeto de previsão no atual.

patrimonial. Avaliada sob o enfoque da execução, na "nomeação, ensina Frederico Marques, coexistem um direito e um ônus, vez que, à toda evidencia, a inércia ou a infração dos requisitos de validade provocam a extinção do *favor debitoris*".[28]

Mais das vezes, o peticionário obtém a informação sobre um bem móvel ou imóvel, postulando junto ao DETRAN ou circunscrição imobiliária respectiva a titularidade para instruir a constrição judicial almejada. Exige-se do autor da demanda, isto sim, observar, preferencialmente, a ordem elencada junto aos bens atrelados ao universo fático dos quais tem o conhecimento da tiularidade.

5.1. O seqüestro e o bem de família

Frise-se o possível reconhecimento desta medida acautelatória, inclusive, no tocante ao bem de família[29] – imóvel residencial próprio do casal ou da entidade familiar, uma vez que a impenhorabilidade legal não alcança os bens adquiridos com o produto do crime ou voltado à execução de sentença penal condenatória a ressarcimento, indenização ou perdimento de bens (art. 3º, VI, da Lei 8.009/90).

Sob este amplo compartimento – todos e quaisquer bens dos acusados – estamos a constituir o gravame reafirmando a plena vigência do Decreto-Lei nº 3.240/41, pois, a hipotética redução da constrição aos termos propostos pelo Código de Processo Penal (bens adquiridos com o produto da infração – arts. 125 a 144), consistiria na sua ab-rogação pela supressão das especificidades descritas.

5.2. O seqüestro e os bens móveis e imóveis

Quando o seqüestro recair sobre bens móveis (art. 4º, § 1º), exigir-se-á a nomeação de depositário "que assinará termo de compromisso de bem e fielmente desempenhar o cargo e de assumir todas as responsabilidades a este inerentes", o qual deve: informar acerca da existência de outros bens; fornecer pensão módica, arbitrada pelo juiz e decorrente dos bens arrecadados ao acusados e seus dependentes, e prestar contas mensalmente (respectivamente, itens 1, 2 e 3 do art. 5º).

---

[28] ASSIS, Araken de. *Comentários ao código de processo civil*, v. 9: do processo de execução, arts. 646 a 735; [coordenação de Ovídio Baptista da Silva]. – São Paulo: Revista dos Tribunais, 2000, p. 121.

[29] Apelação-Crime nº 10.684 – PR, 8ª Turma do TRF da 4ª Região, Rel. Desembargador Volkmer de Castilho (23.04.03).

Logicamente, esta condição tem como pressuposto a apreensão da coisa, caso contrário, mediante requerimento expresso, possibilitar-se-á a anotação da constrição judicial nos específicos registros da propriedade, destes, especialmente:

a) veículos: Departamentos de Trânsito;

b) aeronaves: Registro Aeronáutico Brasileiro, art. 72 da Lei nº 7.565/86 – Código Brasileiro de Aeronáutica;

c) navios e embarcações: Registro da Propriedade Marítima, arts. 12 a 14 da Lei nº 7.652/88 – Tribunal Marítimo e comunicado às Capitanias dos Portos relativa à inscrição da embarcação;

d) marcas e patentes: Instituto Nacional da Propriedade Industrial;

e) cotas sociais: Juntas Comerciais;

f) ações: Comissão de Valores Mobiliários;

g) telefones: companhias telefônicas;

h) direitos de crédito em geral: autos dos respectivos processos, Cartórios de Registros de Títulos e Documentos;

i) recentemente, ativos financeiros: Banco Central, etc.

Ao revés, a averbação do gravame nos bens imóveis será determinada *ex officio* pela autoridade judiciária na circunscrição imobiliária devida (art. 4º, § 2º, item 1).

5.3. O seqüestro e o "penhora on-line"

A Lei nº 11.382/06 incluiu o art. 655-A no Código de Processo Penal, formatando importante inovação: "a penhora on-line".[30] Precedentemente ao referido comando legislativo, discutia-se acerca da penhora

---

[30] Art. 655-A. Para possibilitar a penhora de dinheiro em depósito ou aplicação financeira, o juiz, a requerimento do exeqüente, requisitará à autoridade supervisora do sistema bancário, preferencialmente por meio eletrônico, informações sobre a existência de ativos em nome do executado, podendo no mesmo ato determinar sua indisponibilidade, até o valor indicado na execução. § 1º As informações limitar-se-ão à existência ou não de depósito ou aplicação até o valor indicado na execução. § 2º Compete ao executado comprovar que as quantias depositadas em conta corrente referem-se à hipótese do inciso IV do *caput* do art. 649 desta Lei ou que estão revestidas de outra forma de impenhorabilidade. § 3º Na penhora de percentual do faturamento da empresa executada, será nomeado depositário, com a atribuição de submeter à aprovação judicial a forma de efetivação da constrição, bem como de prestar contas mensalmente, entregando ao exeqüente as quantias recebidas, a fim de serem imputadas no pagamento da dívida. (Artigo incluído pela Lei nº 11.382, de 2006).

dos ativos financeiros ser obrigatória ou faculdade ínsita ao magistrado, alinhando-se o Tribunal Riograndense junto desta segunda posição.[31]

Após a vigência deste comando legal, contudo, as decisões passam a incorporam o critério da obrigatoriedade na ultimação desta modalidade de penhora, mas, a bem de ver, não há que se confundir o meio de a concretizá-la, seja mediante requisição às instituições financeiras ou da utilização facultativa do sistema bacen jus, como bem sintetiza o acórdão[32] a seguir:

> PENHORA *ON LINE*. SISTEMA BACEN-JUD. FACULTATIVIDADE. REQUISIÇÃO DE INDISPONIBILIDADE DE ATIVOS FINANCEIROS. DEFERIMENTO. Procedimento da denominada penhora *on line* pelo Sistema Bacen-Jud. Necessidade de o Juiz previamente inscrever-se no sistema, obtendo as respectivas chaves de acesso. Impossibilidade de se compelir o magistrado a utilizá-lo. Precedentes. Requisição de informações e bloqueiro de ativos financeiros do executado. Nova disposição legal. Art. 655-A, CPC. Sigilo bancário. Ofício à autoridade monetária. Deferimento. Agravo provido em parte.

A título de ilustração, registre-se que, a fim de efetivar o comando legal, a Corregedoria-Geral de Justiça do Rio Grande do Sul editou o Provimento n° 31/06, repassando os fundamentos à edição deste comando legal, quais sejam: a celeridade processual, a efetividade na prestação jurisdicional, a viabilidade no cadastramento dos magistrados como usuários[33] dos sistema bacen jud, possibilitando-lhes, inclusive, o recebimento direto das informações oriundas das instituições financeiras.

Oportuno esclarecer que não basta o bloqueio dos ativos financeiros e dos valores existentes nas contas bancárias, pois a perfectibilização da penhora ocorrerá com a transferência destes à conta bancária vinculada ao juízo.[34]

---

[31] Agravo de Instrumento n° 70015884703. 18ª Câmara Cível, Tribunal de Justiça do RS. Relator: Mário Rocha Lopes Filho. 03/08/2006.

[32] Agravo de Instrumento n° 70018327270. 19ª Câmara Cível, Tribunal de Justiça do RS. Relator: Carlos Rafael dos Santos Júnior. 27/02/2007.

[33] Provimento n° 31/06 – Corregedoria-Geral de Justiça do Rio Grande do Sul. Considerando que o credenciamento dos magistrados pode ser feito mediante simples preenchimento do formulário disponível *na intranet do tribunal de justiça ("acesso rápido")*, *sistema bacen-jud, Ofício-Circular n° 95/2001-CGJ, segunda página*, com posterior encaminhamento a esta CGJ, para obtenção da liberação de uma senha particular, com a qual poderão ser enviadas as solicitações judiciais pelo endereço eletrônico www.bcb.gov. br/?bacenjud2, na internet.

[34] Provimento n° 31/06 – Corregedoria-Geral de Justiça do Rio Grande do Sul. ART. 3° – Decorridos 02 (dois) dias úteis da data do protocolo do bloqueio, deverá ser realizada consulta ao sistema BACEN JUD e, confirmado o bloqueio pela instituição financeira, o magistrado determinará a transferência (procedimento próprio disponível no BACEN JUD) para o Banrisul S.A., o qual automaticamente gerará depósito judicial, com o envio

5.4. O seqüestro e os valores mobiliários e cotas-sociais

Outrossim, avulta destacar a pertinência da constrição judicial recair sobre as ações[35] e as quotas sociais pertencentes aos acusados, respectivamente, integrantes do capital social das sociedades por ações e sociedades limitadas. Aquela por referência expressa do art. 40 da Lei das Sociedades Anônimas.[36] A última viabilidade de seqüestro é ditada pelo tipo societário regulado pelos artigos 1052 a 1087 do Código Civil (Lei 10.406, de 10/01/2.002), que confere um conteúdo econômico à quota social, representativo dos direitos do sócio-quotista no patrimônio líquido da sociedade, e, como tal, passível de penhora, seqüestro ou medidas acautelatórias afins na ocorrência dos crimes contra a ordem tributária.

Nessa linha de entendimento, o insigne doutrinador José Waldecy Lucena[37] fundamenta a possibilidade de penhora das cotas, medida acautelatória de natureza similar ao seqüestro, lecionando: "Em compêndio, a nosso juízo, a quota social sujeitar-se-á sempre à penhora, já que incluída, como direito de expressão econômica, no patrimônio do sócio devedor (Código de Processo Civil, arts. 591 e 655, X), bem esse não excepcionado de expropriação judicial, seja pelo Código de Processo Civil (arts. 649 e 650), seja por lei específica, mesmo porque a impenhorabilidade, como exceção ao princípio de que todo o patrimônio do

---

de e-mail ao magistrado informando os dados do depósito (documento que deverá ser juntado aos autos).

[35] REQUIÃO, Rubens. *Curso de Direito Comercial*. São Paulo: Saraiva, 1988, vol 2, p. 89 e 91: "333. PENHOR DE AÇÕES. Sendo as ações consideradas coisas móveis, na categoria dos bens, elas são suscetíveis de constituir garantia real. A lei, portanto, dedica uma seção especial para disciplinar a constituição de direitos reais e outros ônus. Entre as garantias mais comuns encontramos o penhor ou caução e a alienação fiduciária em garantia. 334. USUFRUTO DAS AÇÕES. Instituindo-se, em nosso País, paulatinamente o sistema do acionariato, em que se impõe, na formação patrimonial dos indivíduos e das famílias, as ações, natural que para estas se transfiram certos institutos que eram normalmente aplicados e destinados aos bens imóveis. Entre eles se vai vulgarizando o usufruto das ações, que a lei anterior previa, para o qual não traçava uma disciplina definida. A lei atual, em várias passagens, refere-se à disciplina do usufruto e também à constituição de direitos reais sobre as ações. 335. ALIENAÇÃO FIDUCIÁRIA EM GARANTIA, FIDEICOMISSO E OUTROS ÔNUS. O mesmo sistema adotado para o usufruto das ações é extensível à constituição de alienação fiduciária em garantia, ou qualquer cláusula ou ônus que as gravarem; inclusive às cláusulas de inalienabilidade e incomunicabilidade".

[36] O art. 1.089 do Código Civil faz menção à aplicativa supletiva da Lei das Sociedades Anônimas nos casos omissos.

[37] Das Sociedades por Quotas de Responsabilidade Limitada. 2ª ed. Rio de Janeiro: Renovar, 1997, p. 297.

devedor responde por suas dívidas, há de ser expressa e de interpretação restrita".

Registre-se que o pretendido seqüestro decorre dos preceitos estatuídos nos arts. 1052 a 1087 do Código Civil, bem como da aplicação conjunta[38] do art. 1.053 da Lei 10.406/02 e do art. 40 da Lei das Sociedades Anônimas (Lei n° 6.404/76). Pois, enquanto aquele permite, no que couber, a aplicação subsidiária da Lei das Sociedades Anônimas às sociedades limitadas, o nominado art. 40 amplia os seus efeitos, permitindo a constituição de usufruto, fideicomisso, alienação fiduciária em garantia e quaisquer cláusulas e ônus que gravarem a ação (art. 40). Disposição que abarca a pretendida constrição judicial e que se perfectibiliza pela averbação do gravame no Livro de Registro de Quotas dessas sociedades, acaso existente, ou na Junta Comercial, segundo o abalizado entendimento de José Waldecy Lucena.[39]

Por conseguinte, restando estampada a lesão ao erário público, o engenho criminoso idealizado pelos acusados e a facilidade de pronta e imediata dissipação e ocultação dos bens pelo grupo de pessoas e empresas envolvidas, inclusive, pela ramificação de atividades em estabelecimentos e unidades federadas diversas, evidencia-se a pertinência na decretação do seqüestro das ações ou quotas sociais dos acusados, sem prejuízo da ulterior e similar decretação a outros bens a serem localizados.

Uma tal espécie de tutela cautelar protetiva do patrimônio público que não causa qualquer óbice ou embaraço às atividades lícitas e comerciais da pessoa jurídica e dos direitos pessoais dos administradores e sócios, mas sim, é dirigida a resguardar o ressarcimento *ex delicto*, repercutindo no valor das ações e quotas sociais, este vinculado aos lucros líquidos e haveres apurados, representativos da fração do capital social integralizado.

---

[38] Para tanto, bastando que o contrato social disponha sobre a regulação supletiva da sociedade pelas normas da sociedade anônima – parágrafo único do art. 1.052 do Código Civil.

[39] *Op. cit.*, p. 303 a 304: "De fato, os artigos 39 e 40 da Lei das Sociedades Anônimas, *ex vi* do artigo 18 do decreto n° 3.708, naturalmente no que couberem, haverão de ser invocados, tal como o artigo 114, daquela lei, pertinente ao exercício do direito de voto em ação gravada com usufruto. Assim, a averbação de tais ônus dar-se-á no "Registro de Quotas", o qual tem sido adotado pelas sociedades constituídas à semelhança das anônimas, de grande número de sócios e livre transferência das quotas. Em não existindo o livro, a averbação será feita "no próprio contrato social das limitadas, devidamente averbado ou arquivado na Junta Comercial ou no Registro das Pessoas Jurídicas, conforme a natureza mercantil ou civil da sociedade limitada".

Aliás, existindo indícios veementes de dilapidação do patrimônio societário pelos acusados, possibilita-se a decretação da indisponibilidade parcial ou total do acervo social como garantia desta pretensão ressarcitória, medida protetiva vinculada e reflexa ao conteúdo econômico decorrente das quotas sociais e ações.

Para tanto, invocando-se o poder geral de cautela conferido ao juiz (art. 798 do Código de Processo Civil), o qual, tendo acessoriedade e subordinação com o seqüestro em tema, é guiado pela consecução da justiça, hodiernamente, posta pelo Estado do Direito. Pois, na bem-apanhada lição de Galeno Lacerda:[40] "Há que raciocinar, contudo, sempre e cada vez mais, em termos de Estado de Direito. Este é que incumbe prestigiar com todas as forças e com todos os meios postos pela ordem jurídica a serviço da justiça, entre os quais avulta, por sua extraordinária eficácia, a cautela atípica".

Sobre tanto, aliás, este renomado processualista traz à colação um importante exemplo,[41] destacando a pertinência da medida de indisponibilidade de bens ser determinada pelo próprio juiz competente à ação penal, haja vista que o ressarcimento é decorrência da prática criminosa.

6. Dos bens em poder de terceiros

No art. 4º, *caput*, do aludido Decreto-Lei, está contemplado o seqüestro de "bens em poder de terceiros desde que estes os tenham ad-

---

[40] *Comentários ao Código de Processo Civil*. Volume VIII, tomo I, arts. 796 a 812. Rio de Janeiro: Forense, 1999, p. 129.

[41] *Ibid.*, p. 129: "A chamada censura telefônica, aliás, poderia coibir-se com a combinação de duas medidas cautelares, perfeitamente possíveis em nosso direito. Praticada, ou não, com a conveniência da empresa concessionária de serviço telefônico, incumbiria à vítima (pois se trata de ilícito penal) obter liminar atípica, concedida sem audiência do infrator, ou infratores, já que a surpresa se faz essencial ao flagrante. Nessa liminar, além do mandado proibitório da escuta clandestina, nomear-se-ia um técnico para acompanhar o oficial de justiça na diligência e verificar a existência de interceptação nas comunicações. Dir-se-á que a matéria, sendo penal, excluiria a competência do juiz civil. O argumento não procede, porque todo ilícito penal provoca, em regra, ação civil de ressarcimento, ou cominatória de não fazer. A cautela, no caso, vincular-se-ia a estas ações principais civis. Infelizmente, quando o ilícito penal emana da autoridade e não se pode confiar no inquérito policial, só resta, mesmo, o apelo direto ao Poder Judiciário, através das vias expeditas da cautela 'civil'. Dir-se-á, ainda, que as medidas propostas tornar-se-iam inúteis pelas possibilidades de restabelecer-se a escuta tão logo o perito se ausentasse. Se isto acontecer, porém, ao primeiro ilícito penal, já comprovado pelo perito do juiz, soma-se o segundo, consistente na desobediência à ordem judicial, acrescido da prática do atentado. É de presumir que os autores do delito pensem duas vezes antes de aventurar-se em tal descaminho".

quirido dolosamente, ou com culpa grave". A exceção da regra está vinculada aos terceiros sem qualquer vinculação fática com o acobertamento dos bens em litígio e estranhos da relação causal (homônimos, etc.), oportunizando-se-lhes os embargos de terceiro (§ 2º do art. 2º).

Uma primeira análise parte da posse dos bens por terceiros e da aquisição não decorrente de erro invencível. Dita disposição busca abarcar todos os bens do acusado, recaindo, inclusive, sobre aqueles transmitidos – alocados sobre a titularidade de outrem – com o nítido propósito de elidir o ressarcimento dos danos causados à Fazenda Pública, tendo como fundamento a aquisição fraudulenta (dolosa) ou a decorrente de culpa grave (preço vil, etc.). Situações estas caracterizadas pelo locupletamento ilícito e à transmissão ardilosa da propriedade de bens pelo abuso de direito e a má-fé, emergindo o seqüestro como o meio adequado para sustar os efeitos daquelas condutas perniciosas à manutenção do estado de direito, onde o embuste, a dissimulação e o engodo são utilizados para o auferimento de indevidas vantagens.

Tal viabilidade de constrição judicial perfectibiliza a pretendida efetividade da persecução penal na seara dos crimes contra a ordem tributária, pois, a par da intensa movimentação econômica e o desejo de elidir o cumprimento das obrigações fiscais, são inúmeras as artimanhas criminosas tendentes a desviar bens em nome das pessoas vinculadas às fraudes contra o erário público, desbordando em atividades empresarias dirigidas à "indústria das falências fraudulentas", ou mesmo em fusões e incorporações de ativos tendentes a desvencilhar os responsáveis pelas obrigações tributárias. Cujos fundos sociais constituem-se a partir de travestidas vendas a preço vil (correspondentes a doações puras e simples) por pessoas envolvidas com falcatruas contra o erário público, as quais buscam a impunidade através de "escudos" e demais formas de inventividade postas pelo intelecto à desvirtuação das formas societárias, transmutando-as em instrumentos à apropriação criminosa do patrimônio público.

Isso ocorre pela constituição de subsidiárias integrais, sociedades limitadas de administrações e participações, sociedades anônimas, etc., insidiosamente arquitetadas com o nítido intento de ocultar os administradores e detentores do capital e dos lucros obtidos com infração à lei.

Presentemente, várias ocorrências fáticas apontam à indevida utilização de pessoas físicas e jurídicas com o fito de dissimular os verdadeiros responsáveis pelo adimplemento das obrigações fiscais. Em ambas situações, a investigação tem-se voltado aos "laranjas", "testas-de-ferro", "inocentes úteis", "procuradores", "empresas de fachada" e denominações afins, responsáveis pela ocultação e dilapidação do patrimônio criminosamente amealhado, passíveis de serem detectadas através de medidas como a quebra dos sigilos bancário e fiscal (Lei Complementar nº 105/01 e art. 198 do Código Tributário Nacional); onde a análise das declarações do imposto de renda, dos depósitos e remessas de quantias descritas nos extratos bancários e condutas variadas, geralmente, demonstram o "caminho do dinheiro" e indicam os verdadeiros idealizadores da empresa criminosa montada.

Um tal modo nefasto de agir tem se valido de vultosas movimentações em contas bancárias inativas, assumindo o nome de pessoas estranhas à causa ou mesmo falecidas, ou de indivíduos que "emprestam o nome" e passam a constar nos atos constitutivos da empresa, anuindo às práticas ilícitas mediante compensação financeira, mas sem qualquer intervenção nas deliberações sociais e comerciais. Entrementes, para os fins penais, concorrem à prática delitiva e são co-autores (art. 11, *caput*, da Lei 8.137/90)

Através de engenhosas participações em espécies societárias diversas, modernamente, os criminosos tem se acobertado sob o manto da titularidade de empresas constituídas e sediadas no Brasil ou mesmo no estrangeiro, descortinando-se a possibilidade do seqüestro alcançar os bens maliciosa ou fraudulentamente alocados – via desconsideração da personalidade jurídica (*disregard doctrine* ou *piercing the viel*) com base na *teoria do abuso do direito* – que, mais das vezes, acorreram ao patrimônio societário por transferências fraudulentas (vendas fictícias, preço vil, etc.), mascarando doações puras e simples com o nítido propósito de lesar o fisco.

Disregard of Legal Entity voltada à ruptura do princípio da autonomia da pessoa jurídica, indicada pela confusão patrimonial entre o ente societário e seus integrantes e a conduta ilícita perpetrada contra o Fisco, a qual assume o perfil jurídico adotado pelo art. 50 do Código Civil, sob o fundamento do desvio de finalidade e a confusão patrimonial. Dita juridicização assume os meandros já solarmente difundidos pelo insigne comercialista Rubens Requião:[42] "a doutrina exposta objetiva somente que o juiz desconsidere episodicamente a personalidade jurídica, para coarctar a fraude ou abuso do sócio que dela se valeu como escudo, sem importar essa medida dissolução da entidade".

Com efeito, vale relembrar o caráter instrumental e a autonomia do processo penal cautelar, permitindo-se que o juiz desconsidere a perso-

---

[42] REQUIÃO, Rubens. *Curso de direito comercial*. São Paulo: Saraiva, 2000, Vol. I, p. 353.

nalidade jurídica para seqüestrar o patrimônio alocado com evidente abuso do direito, nos moldes preconizados pelo citado comercialista,[43] cuja finalidade primordial é a aplicação do direito objetivo: a condenação criminal e o ressarcimento ao erário público pelos danos causados, consecução maior guiada pela defesa do Estado de Direito, no magistério da predita lição de Galeno Lacerda.[44]

Nesta ótica, evidencie-se a viabilidade de o seqüestro recair sobre os bens de pessoas jurídicas sob o controle de fato ou de direito de autores de crimes contra a ordem tributária, os quais, valendo-se de doações e vendas fraudulentas, colocam o patrimônio ilicitamente auferido sob a titularidade de sociedades limitadas de administração e participação ou afins, subsidiárias integrais (arts. 251 a 253 da Lei nº 6.404/76), bem como em espécies societárias sediadas em paraísos fiscais – *off-shores* –[45] com a intenção precisa de ludibriar o Fisco.

Destas – *off-shores* –, mister realçar o indevido desvirtuamento legal e a criminosa utilização de tipos societários conhecidos por SAFIs (Sociedades Anônimas Financeiras de Investimentos – *Ley nº 11.073, de 16 de junio de 1948*)[46] da República Oriental do Uruguai, as quais, em muitos casos,

---

[43] REQUIÃO, Rubens. *Op. cit.*, p. 353: "Como acentua Rolf Serick na sua excelente monografia, a doutrina tem acentuada aplicação no terreno do direito tributário, para coarctar a sonegação e evasão de impostos, quando se usa a personalidade da sociedade comercial como anteparo.O ponto mais curioso da doutrina é que sempre os Tribunais que lhe dão aplicação declaram que não põem dúvida na diferença de personalidade entre a sociedade e os seus sócios, mas no caso específico de que tratam visam a impedir a consumação de fraudes e abusos de direitos cometidos através da personalidade jurídica, como, por exemplo, a transmissão fraudulenta do patrimônio do devedor para o capital de uma pessoa jurídica, para ocasionar prejuízo a terceiros. Não temos dúvida de que a doutrina, pouco divulgada em nosso País, levada à consideração de nossos Tribunais, poderia ser perfeitamente adotada, para impedir a consumação de fraude contra credores e mesmo contra o fisco, tendo como escudo a personalidade jurídica da sociedade comercial. Em qualquer caso, todavia, focalizamos essa doutrina com o propósito de demonstrar que a personalidade jurídica não constitui um direito absoluto, mas está sujeita e contida pela teoria da fraude contra credores e pela teoria do abuso de direito."
[44] Vide Nota 22.
[45] Matéria veiculada no *Jornal do Commercio*, Rio de Janeiro (RJ), edição de 25 e 26 de agosto de 2002: "Há, espalhados em todo o mundo, cerca de 56 centros financeiros do gênero, onde os brasileiros movimentam , em média, U$ 70 bilhões anualmente".
[46]154 Ley 11.073 – Sociedades Anónimas Financieras de Inversión. <u>Artículo 1</u>. Las sociedades anónimas cuya actividad principal sea realizar, directa o indirectamente, por cuenta propia o de terceros, o para terceros, inversiones en el extranjero en títulos, bonos, acciones, cédulas, debentures, letras, bienes mobiliarios o inmobiliarios, *no podrán*: A) Emitir sus acciones por medio de subscripción pública, o cotizarlas en Bolsa dentro del país. B) Recurrir al ahorro público, o realizar operaciones de índole bancaria, de crédito recíproco o de capitalización. C) Integrar su activo con acciones, debentures, partes

sociales u otros papeles de comercio, emitidos por empresas nacionales que no sean también sociedades comprendidas por esta ley. D) Integrar su activo con inmuebles nacionales o con créditos hipotecarios que graven inmuebles nacionales. Esta prohibición no comprende a las operaciones que ya se hayan realizado a la fecha de la promulgación de esta ley. E) Adquirir Deuda Pública como inversión de su activo, por un monto nominal que exceda el veinte por ciento de su capital. Artículo 2. Dichas sociedades *no podrán* tampoco realizar las operaciones siguientes: A) Intervenir por sí o por cuenta de terceros, en licitaciones públicas o privadas. B) Realizar por sí o por cuenta de terceros, operaciones de Bolsa sobre bienes que, por su naturaleza, no puedan integrar su activo. C) Ingresar anualmente fondos al país por concepto de rentas de sus inversiones directas, en un porcentaje que exceda del cinco por ciento de su capital integrado, más sus fondos de reserva. D) Ingresar fondos al país provenientes de la realización de su activo extranjero. E) Intervenir en la colocación en el público, de Deuda Pública, acciones, debentures u otros papeles de comercio. F) Intervenir en la financiación de empresas de servicios públicos realizados en el país cualquiera sea la nacionalidad o domicilio del concesionario de dichos servicios. G) Contratar con la Administración Central, los Municipios, los Entes Autónomos o los demás entes públicos, cualquier clase de operación de préstamo. H) En general, realizar operaciones de préstamo o inversión que impliquen el establecimiento de un contralor sobre empresas nacionales. Artículo 3. Las sociedades regidas por esta ley *no podrán* tener en cartera, durante más de un ejercicio, acciones de dos o más sociedades extranjeras que se dediquen principalmente, en el país de su radicación a una misma actividad industrial, en proporción mayor del 30 % del capital de cada una de estas últimas sociedades. Artículo 4. La Inspección General de Hacienda, Bancos y Sociedades Anónimas, al practicar las intervenciones de su competencia, vigilará el especial cumplimiento de las disposiciones de esta ley, dando cuenta al Ministerio de Hacienda de las infracciones que comprobara. Artículo 5. Las infracciones a lo dispuesto en los artículos 1º y 2º, serán castigadas con multas de mil pesos (pesos 1.000.00) a diez mil pesos (pesos 10.000.00), que aplicará el Poder Ejecutivo, pudiendo además cancelar la personería de la sociedad infractora. Artículo 6. Mientras no se organice el Tribunal de lo Contencioso Administrativo la acción por ilegalidad prevista en los artículos 270 y siguientes de la Constitución se entablará ante los Jueces Letrados de Hacienda y de lo Contencioso Administrativo de la Capital. La acción se dirigirá a obtener la revocación de la resolución impugnada, o a la reparación civil pertinente o a ambos fines, a opción del interesado. Se interpondrá dentro del término perentorio de veinte días de notificada aquella resolución, y se seguirá en su tramitación el procedimiento de los juicios ordinarios de menor cuantía. El Juez de la causa podrá resolver, en cualquier momento la suspensión de la resolución reclamada cuando su cumplimiento pudiera producir perjuicios irreparables. Contra la sentencia de primera instancia habrá el recurso de apelación libre para ante el Tribunal de Apelaciones, cuyo fallo hará cosa juzgada. Artículo 7. Las sociedades regidas por esta ley, cuyo único activo en la República esté formado por acciones de otras sociedades de la misma clase, y o por saldos en cuenta corriente en suma inferior al diez por ciento de su activo, abonarán como único impuesto, tasa o contribución, el Impuesto Sustitutivo del de Herencias, Legados y Donaciones que se calculará con una tasa del tres por mil sobre su capital y reserva. Al capital emitido en acciones y en debentures u obligaciones, más las reservas, se sumará a los efectos de calcular el capital sujeto a impuesto, toda aquella parte del pasivo exigible, así como el monto de los fondos administrados por cuenta de terceros, que exceda del doble del capital total emitido en acciones y debentures y reservas. Podrán

assumem a condição de sócias-quotistas (sociedades limitadas) com o nítido propósito de ocultar investidores brasileiros, tanto que estes não figuram no quadro societário, mas, ostensivamente, estão na "vitrine da empresa", praticando todos os atos da administração e gerência de fato, tudo com evidente confusão patrimonial entre o ente ficto e os seus "procuradores" (testas-de-ferro, gerenciadores).

Ditas empresas ("SAFIs"), sintética e exemplificativamente, tem todo o capital social constituído por ações ao portador e um amplo objeto social, e, tão logo, eventualmente, tenha um criminoso lesa-pátria o controle do acionariato, poderá transferir todo o seu patrimônio para o da pessoa jurídica (*off-shore*), restando difícil ou quiçá infrutífera qualquer tentativa de se localizar bens em nome destes efetivos controladores.

Tais SAFIs distinguem-se das sociedades anônimas convencionais porque são constituídas com recursos de cidadãos ou empresas estrangeiras – também chamadas de *off-shore* –, onde, mediante um único imposto de 0,3% sobre o capital acionário, permite-se ao acionista investir e sacar qualquer quantia no território uruguaio, primando pelos seguintes privilégios: "O anonimato do titular das contas é garantido sob penas severas de cadeia a quem o romper ... o sistema oferece ainda liberdade de câmbio em qualquer moeda e estimula a repatriação de capitais".[47]

Na verdade, importa evidenciar a atuação lícita e legítima de muitas destas SAFIs no Brasil, contudo, no caso de ser detectado o envolvimento em crimes fiscais dos detentores destes capitais, impõe-se uma acurada análise das pessoas que compõem o dia-a-dia na administração, do patrimônio, quadro social e da sucessão societária da empresa operante no Brasil para o eventual seqüestro das cotas sociais ou ações e demais bens que, atual e virtualmente, possam pertencer a *off-shore*,

---

dichas sociedades consolidar su aporte fiscal al Estado, abonando el referido impuesto de tres mil, por un plazo de hasta quince años. En tal caso, la sociedad y los titulares de los valores que aquélla hubiere emitido, quedarán exceptuados de las modificaciones al régimen fiscal que pudieran sancionarse durante el plazo que hubieren consolidado. El Estado podrá exigir de las sociedades que consoliden su aporte fiscal, el pago de las sumas que corresponda, en moneda extranjera. En tal caso, convendrá con las sociedades la divisa en que el pago se hará efectivo, el que se calculará a la tasa de cambio vendedor, fijado por el Banco de la República para el mercado libre. [...] Artículo 11. El producto del impuesto del tres por mil, a cargo de las sociedades comprendidas en esta ley, se destinará a Rentas Generales.

[47] "Sigilo ao alcance dos gaúchos". *Jornal Zero Hora*, Porto Alegre (RS), edição de 7/10/2001.

Crimes contra a Ordem Tributária – Medidas Acautelatórias

pois resta evidente a dissimulação do patrimônio dos idealizadores dos crimes lesa-pátria e do intento de refugir aos efeitos da lei.

Aliás, esta averiguação acerca do efetivo controlador da *off-shore* pode ser certificada através de requisição judicial ao Banco Central do Brasil, postulando-se averiguar o subscritor (administrador, procurador ou responsável) das informações relativas à existência de "valores de qualquer natureza, os ativos em moeda e os bens e direitos detidos fora do território nacional" (Medida Provisória nº 2.224, de 04/09/01, e Circulares nºs 2.911, 3.071 e 3.110 do Banco Central do Brasil). De cuja ausência dos dados legalmente exigidos pela Receita Federal, poder-se-á avaliar eventual configuração dos crimes definidos pelo parágrafo único do art. 22 da Lei nº 7.492/86 (crimes contra o sistema financeiro nacional).

Atualmente, buscando um controle mais efetivo sobre a lavagem de dinheiro e a identificação dos titulares de patrimônio no Brasil domiciliados no exterior que adquiriram bens sujeitos a registro da propriedade nos órgãos públicos (v.g., imóveis, veículos, ações, quotas sociais, direitos autorais, marcas e patentes), o Departamento Nacional do Registro do Comércio e a Receita Federal consubstanciaram exigências específicas. Esta editou as Instruções Normativas nºs 167/2002 (arts. 1º e 4º) e 200/2002 (art. 12º), regulamentando o art. 16 da Lei nº 9.779/99, o qual obriga à inscrição no Cadastro Nacional da Pessoa Jurídica (CNPJ) com a juntada dos atos de constituição e de nomeação de procurador no Brasil pela pessoa jurídica domiciliada no exterior que possua bens no Brasil, tais como imóveis, veículos, embarcações, aeronaves, participações societárias, contas-correntes bancárias, aplicações no mercado financeiro, aplicações no mercado de capitais. Aquele – Departamento Nacional do Registro do Comércio –, em observância à Lei nº 8.934/94, baixou a Instrução Normativa 76/98 que exige o arquivamento da procuração outorgada ao seu representante no Brasil e seus atos constitutivos no exterior.

Tais ferramentas jurídicas e as informações que delas emanam são uma importante fonte de detecção do simulacro criminoso tendente a acobertar os administradores e sócios de fato de empresas ligadas ao acometimento de delitos contra a ordem tributária. Mesmo porque, quem se arvora à responsabilização penal dos criminosos concretizadores da "lavagem de dinheiro" (efeito) não pode se descurar do "dinheiro sujo", ou seja, somente com um efetivo combate aos crimes antecedentes (causa: crimes fiscais, tráficos de drogas, armas e animais, terrorismo, corrupção, etc.) é que se poderá estabelecer um combate efetivo à relação de causa-efeito (macrocriminalidade x lavagem de dinheiro). Aliás, cuja relação causal tem propiciado o auferimento criminoso de um lucro anual superior a U$ 10 bilhões no Brasil.[48]

Por conseguinte, via desconsideração da personalidade jurídica e com base na confusão patrimonial, os bens alocados em nome de empresas (SAFIs, sociedades limitadas, subsidiárias integrais, etc.) constituídas com o fito de acobertar crimes contra ordem tributária e ocultar os verdadeiros idealizadores e mandantes, sujeitam-se ao predito seqüestro sob a modalidade de bens em poder de terceiros – *in casu*, pessoas jurídicas –, mas que, pelas circunstâncias fáticas e liames jurídicos apontados, pertencem aos autores das condutas delitivas contra a Fazenda Pública, viabilizando-se a constrição judicial recair sobre os bens do ativo permanente, seguida da comunicação ao Banco Central do Brasil, à Comissão de Valores Mobiliários e demais repartições que processem o registro de transferência destes bens, analogamente, aos moldes do preconizado no art. 4º, §§ 1º e 3º, da Lei nº 8.397/92 (Medida Cautelar Fiscal).

O art. 4º faz importante referência à viabilidade do seqüestro alcançar as doações efetuadas após a prática do crime. Certamente, tem-se aí compreendida a transmissão dolosa, tendente a ocultar bens ou acobertá-los do raio de ação desta medida assecuratória e da reparação ao cofre público.[49] A título de ilustração, importa citar um caso[50] envolvendo uma doação fraudulenta constituída depois da prática do crime fiscal, onde um dos acusados cindiu os atributos da propriedade, ou seja, fez a doação do usufruto a um dos co-autores e da nua-propriedade a seus

---

[48] Informação colhida no *Jornal do Commercio*, Rio de Janeiro, edição de 25 e 26 de agosto de 2002: "US$ 10 bilhões são movimentados ilegalmente. De acordo com dados obtidos, estima-se que empresas de fachada no País movimentam cerca de US$ 10 bilhões por meio de contrabando, tráfico de entorpecentes e subfaturamento em operações de exportação anualmente. É válido também ressaltar que empresas importadoras de produtos e que mantém filiais no exterior utilizam transações comerciais para subfaturar ou sobrevalorizar determinados produtos. A diferença, conhecida como 'caixa dois', também é lavada em paraísos fiscais. Para a empresa, não há prejuízos, pois a filial compra da matriz e vice-versa, freqüentemente com os chamados preços intercompany, que servem para maquiar os ilícitos desse gênero, como a sonegação de impostos, por exemplo. No estudo, ficou constatado que o crime de 'colarinho branco' atenta contra o desenvolvimento econômico, na medida em que leva à sonegação de impostos e ao desmantelamento de empresas legalmente estabelecidas, seja através da concorrência desleal ou da corrupção das organizações financeiras e comerciais da sociedade."

[49] Apelação-Crime nº 70004171740, 4ª Câmara Criminal do E. Tribunal de Justiça do Rio Grande do Sul, Rel. Vladimir Giacomuzzi (12.12.2002).

[50] Processo que tramita em 1º grau no Estado do Rio Grande do Sul.

descendentes (netos), não obstante perfectibilizou-se a decretação do seqüestro sobre a integralidade do bem.

Além das hipóteses acima elencadas, o art. 185 do Código Tributário Nacional consigna importante presunção fraudulenta de "alienações ou onerações de bens ou rendas, ou seu começo, por sujeito passivo em débito para com a Fazenda Pública por crédito tributário regularmente inscrito como dívida ativa em fase de execução", titulando-a como espécie de modalidade protetiva do gênero da fraude de execução (arts. 593 e seguintes do Código de Processo Civil) na qual se agrega a presunção de certeza, liquidez e a forma de prova pré-constituída do art. 204 daquele Código.

Por resto, merece menção o parágrafo único do art. 116 do Código Tributário Nacional, que faculta à autoridade administrativa desconsiderar os atos ou negócios jurídicos tendentes a dissimular o fato gerador do tributo ou os elementos essenciais deste liame obrigacional. Deste permissivo, emana a possibilidade do Fisco responsabilizar única ou solidariamente as pessoas que praticam infrações à legislação tributária (passíveis da configuração de crimes fiscais) e não compõem os atos constitutivos da empresa, mas se escoimam sob o manto de outrens com o fito de se eximirem das responsabilidades patrimoniais e penais e transmitir-lhes os ônus da empreitada delituosa em curso.

7. A sentença penal e o seqüestro

O seqüestro e a hipoteca legal são medidas cautelares que aguardam o desfecho da ação penal, conseqüentemente, cessam os seus efeitos com o edito do decreto absolutório e a extinção da ação, bem como no caso na persecução penal não for deduzida no prazo de 90 dias da constituição do seqüestro (art. 6º do Decreto-Lei nº 3.240/41). Entrementes, a cessação dos efeitos da constrição judicial não exclui a possibilidade da Fazenda Pública postular a reparação do dano na via cível, incluídos os bens ilegitimamente adquiridos (art. 7º do Decreto-Lei nº 3.240/41).

Noutro giro, o trânsito em julgado do decreto condenatório "importa a perda, em Favor da Fazenda Pública, dos bens que forem produto, ou adquiridos com o produto do crime, ressalvado o direito de terceiro de boa-fé" (art. 8º do Decreto-Lei nº 3.240/41). Ou seja, a própria sentença dispõe sobre a pena de perdimento dos bens oriundos ou amealhados no curso da prática criminosa, e, acaso estes forem insuficientes, promover-se-á a execução da sentença condenatória (art. 584, inciso II, do Código de Processo Civil) sobre os bens necessários à recomposição do patrimônio público violado (art. 9º do Decreto-Lei nº 3.240/41).

8. Hipoteca legal

A hipoteca legal deve ser promovida pelo agente ministerial, sendo marcada pelas posições dispostas no art. 4º, § 2º, "2", do Decreto-Lei nº 3.240/41, e o perfil delineado pelos arts. 1.419 a 1.430 e 1.473 a 1.505 do novel Código Civil (cujo esboço dos novos meandros deste instituto está disposto no item 9 deste articulado); calcando-se, sempre, no perigo de dano ao erário, e não à sua certeza absoluta.[51]

É ato de particularizar a responsabilidade pela recomposição do patrimônio público violado, fazendo com que se transmude uma garantia precária, antecedente e genérica (sobre todos bens do acusado) disposta pelo seqüestro, em uma garantia legal que recaia sobre bens precisos, a dizer: especializados.

Ao falar em especialização dos bens em hipoteca legal, acolhendo os ensinamentos de Câmara Leal, Edson Prata[52] tem-na como: "o ato de particularizar alguma coisa. Pela hipoteca legal ficam *in genere* todos os imóveis do responsável obrigado pelo fiel desempenho do encargo para cuja garantia a lei confere. Pela especialização, esse ônus real, que recaía *in genere*, sobre a totalidade do patrimônio imobiliário do responsável, passa a recair *in specie* somente sobre certos e determinados bens, isto é, sobre os bens especializados" (Hugo Simas, *Comentários ao Código de Processo Civil*, 8/115, Forense, 1940).

Na seara dos crimes contra a ordem tributária, doutrina Andreas Eisele[53] que a especialização de bens em hipoteca legal é disciplinada pelo art. 135 do Código de Processo Penal. Um tal modo de compreensão que se perfila à recente decisão do Pretório gaúcho,[54] todavia, sem qualquer prejuízo ao abalizado entendimento e aos fins colimados por este direito real de garantia, parece mais apropriado obedecer aos termos propostos pelos arts. 1.205 a 1.210 do Código de Processo Civil (procedimentos de jurisdição voluntária).

---

[51] Apelação crime nº 10.684 – PR, 8ª Turma do TRF da 4ª Região, Rel. Desembargador Volkmer de Castilho (23.04.03).

[52] *Comentários ao Código de Processo Civil*. Volume VII. Rio de Janeiro: Forense, 1978, p. 358.

[53] *Op. cit.*, p. 211.

[54] Apelação-Crime nº 70004885240, da 4ª Câmara Criminal do E. Tribunal gaúcho, Rel. Vladimir Giacomuzzi (24.10.2002).

Primeiro, porque a hipoteca é um instituto marcadamente civil – aliás, o art. 809 do anterior Código Civil já dispunha que: "a lei da hipoteca é civil e civil a sua jurisdição" –, por conseguinte, tem-se o direito privado como o campo próprio e o estatuto processual civil como o meio fluído às injunções e questionamentos junto da jurisdição civil.

Segundo, porque a hipoteca é um instituto de natureza civil que acede à ação penal levada a efeito, cujo regramento é amiudemente contemplado pelo Código de Processo Civil, permitindo no seu trâmite a plena observância da ampla defesa e do devido processo legal.[55]

No mais, porque a disciplina processual ligada aos arts. 125 a 144 e, mais especificadamente à hipoteca legal (arts. 134 e 135 do CPP), está centrada sobre os imóveis adquiridos pelos indiciado com os proventos da infração e não abarca a hipótese de incidência – todos os bens do acusado oriundos da prática de crimes contra a Fazenda Pública – do Decreto-Lei nº 3.420/41, disciplinadora de legislação especial.

Por resto, impulsionando-se a hipoteca legal na forma dos arts. 1.205 a 1.210 do Código de Processo Civil, reafirmamos a plena vigência da modalidade de seqüestro em estudo, pois, a hipotética redução das feições do Decreto-Lei nº 3.240/41 aos termos propostos pelo Código de Processo Penal (arts. 125 a 144) poderia levar a crer na sua ab-rogação pela supressão das especifidades descritas.

A teor do art. 4º, § 2º, item 2, do Decreto-Lei nº 3.240/41, o seqüestro dos bens imóveis deferido pelo juízo criminal é uma medida provisória e precária, pois necessita ser convalidado pelo instituto da hipoteca legal, na ótica adotada neste articulado, sob os passos do art. 1205 e seguintes do Código de Processo Civil. Para tanto, após a propositura e deferimento desta espécie de acautelamento, o Ministério Público deverá requerer a especialização dos bens em hipoteca legal, fazendo referência à ação penal e a medida cautelar levada a efeito, instruindo-a

---

[55] SILVA, José Afonso da. *Curso de Direito Constitucional Positivo*. São Paulo: Malheiros, 1998, p. 432-433: "Direito ao devido processo legal. O princípio do devido processo legal entra agora no Direito Constitucional positivo com um enunciado que vem da Carta Magna inglesa: ninguém será privado da liberdade ou de seus bens sem o devido processo legal (art. 5º, LIV). Combinado com o direito de acesso à Justiça (art. 5º, XXXV) e o contraditório e a plenitude da defesa (art. 5º LV), fecha-se o ciclo das garantias processuais. Garante-se o processo, e 'quando se fala em 'processo', e não em simples procedimento alude-se, sem dúvida, a formas instrumentais adequadas, a fim de que a prestação jurisdicional, quando entregue pelo estado, dê a cada um o que é seu, segundo os imperativos da ordem jurídica. E isso envolve a garantia do contraditório, a plenitude do direito de defesa, a isonomia processual e a bilateralidade dos atos procedimentais', conforme autorizada lição de Frederico Marques".

com a prova da decisão deferitória do acautelamento, da estimativa dos prejuízos causados (demonstrativo financeiro da Fazenda Pública sobre o montante atualizado dos prejuízos causados) e a prova do domínio dos bens (cópias das matrículas e atos afins dos imóveis e demais coisas objeto do seqüestro).

Num primeiro momento, insta aclarar o foro competente à especialização de bens contemplada no art. 4, § 2°, item 2, do Decreto-Lei n° 3.240/41, dispondo que tal não abarca a situação do imóvel – *forum rei sitae* – porque, no abalizado entendimento de Alcides de Mendonça Lima:[56] "A competência do foro não diz respeito à localização do imóvel, embora se trate de garantia hipotecária. Não é aplicável o art. 95 deste Código, nem analogicamente, embora o mesmo mencione 'ações fundadas em direito real sobre imóveis', que abrange, entre outros, a hipoteca, como direito real sobre coisa alheia, porque, no caso, não se trata de 'ação', que cabe na cobrança do crédito garantido como hipoteca. João Carneiro Lacerda[57] formula, com absoluta propriedade, as seguintes regras para definir a competência do foro: ... e) do delito para a especialização da hipoteca legal do ofendido, podendo o requerente optar pelo foro do domicílio do responsável".

Neste diapasão, a competência para a especialização da hipoteca legal da Fazenda Pública regular-se-á pelo local de ocorrência do crime perpetrado. Dentro do foro e no respeitante ao juiz ou vara, dependerá do Código de Organização Judiciária do Estado respectivo, por exemplo, na capital do Rio Grande do Sul a competência é da Vara dos Registros Públicos, conforme o art. 84, VIII, combinado com o art. 73, VI, ao qual se reporta, ambos da Lei n° 7.356, de 1° de fevereiro de 1980 (COJE); no interior do Estado (RS), como não há aquela vara especializada, a competência é repartida, cumulativamente, entre os titulares das cíveis, onde houver mais de uma, como ocorre nas Comarcas de Pelotas, Rio Grande, Caxias etc. – arts. 83, III, e 82, II, ambos do COJE, respectivamente.

No tocante às demais peculiaridades da especialização de bens em hipoteca legal (art. 4°, § 2°, item 2, do Decreto-Lei n° 3.240/41), exige-se a avaliação dos bens em consonância com os arts. 680 a 683 do Estatuto Processual Civil, inclusive, por força dos arts. 421 e seguintes deste diploma, alcançando-lhe a possibilidade de indicação de assistentes técnicos pelas partes.

---

[56] *Comentários ao Código de Processo Civil*. Volume XII (arts. 1.103 a 1.210). São Paulo: Revista dos Tribunais, 1982, p. 533.

[57] *Comentários*, vol. IV, p. 129, n. 88.

No mais, o aludido procedimento inerente à hipoteca legal prevê a manifestação dos interessados sobre o laudo de avaliação, culminando com a sentença que julgará a especialização, mandando inscrevê-la no Registro Imobiliário competente (art. 1.207 do CPC), observando-se o contraditório e a ampla defesa. Com efeito, a sentença que homologa ou corrige a avaliação judicial e define a especialização dá concretude ao seqüestro – medida precária e provisória – e convalida os efeitos da hipoteca legal (art. 827,[58] inciso VI, do Código Civil), assumindo os efeitos delineados por Sérgio Sahione Fadel:[59] "A sentença, como já se disse, é meramente declaratória da pré-existência da hipoteca, porque, decorrendo ela, como decorre, da lei, vige, desde a data em que legalmente se constitui e não da em que a sentença foi proferida. Há, porém, forte dose mandamental na decisão do juiz, eis que, declarada a especialização, expede-se mandado de inscrição da hipoteca, dirigido ao oficial do registro imobiliário".

Por fim, registre-se que a insuficiência de bens à garantia integral do ressarcimento dos danos ao erário não elide os efeitos da pretendida especialização de bens em hipoteca legal, restando ao julgador homologar a avaliação dos bens encontrados e ao Ministério Público, acaso localizar outros, acautelar o interesse público com a propositura de medida de seqüestro complementar ao feito já em curso ou em ação própria.

9. A hipoteca legal e as inovações trazidas pelo novo Código Civil brasileiro

Na forma delineada pelo inciso III do art. 1.489 do novo Estatuto Civil, a lei confere hipoteca ao ofendido "para satisfação do dano causado pelo delito e pagamento das despesas judiciais". Sob este espectro possibilita-se a constituição da garantia legal em estudo, sob a ordem de bens alienáveis (art. 1.420), e não enquanto fora do comércio, cuja abrangência deflui-se dos contornos marcados pelo art. 1.473.

Alude-se, ainda, acerca de factível substituição deste gravame legal por caução de "títulos da dívida pública federal ou estadual, recebidos pelo valor de sua cotação mínima no ano corrente; ou por outra garantia, a critério do juiz, a requerimento do devedor" (art. 1.491), nos moldes preconizados pelo atual art. 820.

---

[58] Hoje, este comando legal é regulado pelo inciso III do art. 1.489 do Código Civil.
[59] *Código de Processo Civil Comentado*. Rio de Janeiro: José Konfino Editor, 1974. Tomo V, p. 338.

Na esteira do Código de 1917, o atual determina o registro da hipoteca legal no cartório do lugar do imóvel (art. 1.492), mantendo a ordem dos registros e averbações (art. 1.493) e as prioridades e preferências que o respectivo número representa (parágrafo único do art. 1.493), respeitada a precedência da prenotação válida.

Outrossim, o registro e a especialização passam a ser essenciais ao reconhecimento deste direito real de garantia (art. 1.497), alterando a norma anterior (art. 828) que lhes condicionava a validade, tão-somente, perante terceiros.

Mantém-se atrelada a necessidade do registro com a manutenção do liame obrigacional, ou seja, a pretensão ressarcitória decorrente do delito perpetrado, contudo, a especialização deve ser convalidada se atingir 20 anos (art. 1.498).

No mais, registre-se que a hipoteca de navios e aeronaves segue as disposições das leis, dada a referência expressa do novo Estatuto Civil (respectivamente, Lei n° 7.652/88 e o Código Brasileiro de Aeronáutica), a destempo do Código em substituição prever a regulação conjunta deste direito real sobre os navios (isto é, art. 825, parágrafo único e a citada legislação especial) e de não abranger os aviões, logicamente, dado o estágio de conhecimento tecnológico da época.

10. Considerações finais

Assim, sem qualquer pretensão de encerrar a discussão sobre o tema, urge perscrutar o grassante sentimento de impunidade na sociedade em relação à criminalidade reinante nos crimes fiscais e a crescente irresignação dos contribuintes cumpridores de suas obrigações tributárias com aqueles despidos de qualquer sentimento público, de tudo com um nefasto beneplácito estatal aos maus pagadores (isenções, anistias, refinanciamentos, extinção da punibilidade pelo pagamento anterior à denúncia, substituições de penas privativas de liberdade por restritivas de direitos ou pecuniárias, etc.), estabelecendo-se um juízo crítico nos operadores do direito sobre um alcance mais eficaz da legislação que abarca os crimes contra a ordem tributária.

Além do mais, não há como se manter um modelo econômico que atenta contra as empresas legalmente estabelecidas, fomentando a concorrência desleal e a corrupção das estruturas comerciais e financeiras, voltado ao incremento e recorrência à impunidade no segmento dos crimes fiscais, ambiente propício à macrocriminalidade.

Deste contexto, deflui-se duas importantes constatações, uma voltada ao reconhecimento dos instrumentos passíveis de estabelecer a coerção necessária no combate das malsinadas condutas criminosas neste segmento de repressão penal, enquanto a outra denota o pulsar de uma vontade preocupada em potencializar toda força de ação conferida pelo direito pátrio à repressão penal deste agir criminoso.

Do olhar atento a ambas digressões, certamente, mantém-se acesa a chama da cidadania, imprimindo-se a força cogente necessária na defesa dos princípios de justiça concebidos no nível constitucional e corrente em todos os juízos e inferências das situações do cotidiano, possibilitando-nos endossar uma base de concordância pública ditada pela aceitação de uma concepção política de justiça, fio condutor disposto por John Rawls através da idéia organizadora fundamental da justiça como eqüidade.[60]

Mesmo porque, insta fomentar um modo combativo de persecução penal junto aos tipos penais circunscritos a ordem tributária e na recorrência às medidas acautelatórias, que tenha a consentânea apreciação e acolhida pelo Poder Judiciário, permitindo-se aquilatar se os sonegadores[61] diminuíram o nefasto ímpeto ruinoso de ação como condição de respeito e manutenção do equilíbrio social.

---

[60] *Liberalismo Político*. Trad. Dinah de Abreu Azevedo. 1993: São Paulo, Ática, p. 58: "A idéia organizadora da justiça como eqüidade, no interior da qual as outras idéias básicas se articulam de forma sistemática, é a da sociedade enquanto sistema eqüitativo de cooperação no decorrer do tempo, de uma geração a outra".

[61] *Greco, Leonardo*. "Revista dos Tribunais" 685/256. Medida Cautelar Fiscal: "... para quem sequer a ameaça da prisão foi suficiente".

— IV —

A BUSCA E APREENSÃO

Renato Vinhas Velasques

Sumário: 1. Introdução; 2. Conceito; Natureza jurídica. Fundamentos constitucional e legal. Situações práticas; 3. A coleta de prova na "assessoria" do sonegador; 4. O procedimento da busca e a providência cautelar na instituição financeira; 5. A impugnação eficaz contra o indeferimento de busca e apreensão; 6. A apreensão de documentos em repartições públicas; 7. Informação anônima, delação premiada e a ação controlada; 8. Considerações finais.

1. Introdução

Enquanto vigorava a Lei nº 4.729/65 – art. 1º, que disciplinava os crimes de sonegação fiscal, a impressão que se tinha era a de que a sociedade, em geral, não se preocupava com as condutas que poderiam transgredir a lei penal. Não havia receio em ofender a ordem tributária. Isso é explicado, talvez, pelo diminuto sancionamento antes exigido. Quem infringia a referida lei estava sujeito à detenção – seis meses a dois anos – e multa, o que tinha como conseqüência a prescrição em 4 anos, prazo exíguo para a descoberta e investigação dos ilícitos.

Com a vigência da Lei nº 8.137/90, que definiu os crimes contra a ordem tributária, ocorreu o agravamento da pena (reclusão de dois a cinco anos e multa), aumentando o prazo de ocorrência de prescrição[1] (doze anos) e possibilitando a prisão preventiva. Daí resultou significativa mudança quanto ao tema e este passou a ser mais debatido.[2]

---

[1] Conforme art. 109, III, do Código Penal, destinado à pena privativa de liberdade.

[2] O Jornal Zero Hora de 8.4.2003 noticiou que no XVI Fórum da Liberdade, realizado em Porto Alegre, onde era discutido o tema "Civilização ou Barbárie: em que mundo vamos viver?", o auditório foi surpreendido, pois um palestrante incluiu a sonegação fiscal entre os atos bárbaros, aduzindo: "A barbárie está no revolver, mas também na

Entretanto, outras razões contribuíram para que os crimes tributários despertassem interesse e fossem motivo de estudo e preocupação: o retorno da democracia e a plena liberdade das autoridades públicas de apurarem fraudes lesivas ao erário; o aperfeiçoamento dos métodos investigatórios da Fiscalização Tributária, que tem descoberto sonegações de vulto; a especialização de Promotores de Justiça que passaram a atuar com exclusividade na matéria; a união de esforços entre os Ministérios Públicos e as respectivas Secretarias das Fazendas, cada um respeitando o âmbito de atuação constitucional e a independência do outro; a imprescindibilidade do poder público de angariar recursos e o maior rigor no controle das contas públicas; as prisões e condenações ordenadas pelo Poder Judiciário, envolvendo políticos e empresários de grandes conglomerados econômicos.

Tais circunstâncias fizeram com que cada vez mais as fraudes fiscais tenham se aperfeiçoado e, por conseqüência, maiores dificuldades surgiram para o seu esclarecimento. Algumas vezes os fatos aparentam conformidade com a lei, mas, em realidade, foram simulados. O criminoso que lesa o fisco é muito criativo e as estratégias para burlar o trabalho fiscalizatório são diversificadas. A globalização da economia, a complexidade das relações comerciais, os avanços tecnológicos e a era da informática (por exemplo: o celular,[3] telefone-fax, o computador, a internet,[4] o automóvel, o caminhão, a lancha, o helicóptero)[5] alargaram a possibilidade de fatos criminosos, justamente em razão da facilidade e agilidade com que propiciam a sua ocorrência.

O delinqüente econômico deve ser considerado, em determinadas circunstâncias, tão ou mais perigoso que o infrator comum (que atenta contra bens individuais), pois as condutas praticadas por ele são tão danosas que retiram da sociedade os (já escassos) recursos financeiros,

---

sonegação fiscal. Ambas vêem o outro como supérfluo". Outro, contudo, rebateu que a irracionalidade tributária é a maior violência que paira sobre as economias.

[3] O celular é utilizado, por um condutor de veículo "batedor", para burlar barreiras fiscais no trânsito de mercadoria.

[4] Para se ter uma idéia de ilícitos consumados com o uso da internet, o Jornal do Comércio, de 27.3.2004, p. 12, noticiou que, nos Estados Unidos, as fraudes praticadas via internet cresceram 51% em 2003, cujas reclamações, neste ano, atingiram mais de meio milhão e prejuízo aproximado de quatrocentos e trinta e sete milhões de dólares; no Brasil não se tem notícia de dados estatísticos referentes à criminalidade informática, em especial o seu emprego para o crime fiscal.

[5] A carga de remédio, exemplificando, pode ser arremessada de "pára-quedas" para um certo local.

levando (também por isso) muitos à morte ou à indignidade de uma vida marcada pela miséria absoluta.[6]

Quem atua na coibição dos delitos em questão, sabe que o sonegador está, quase sempre, *um passo à frente* das autoridades incumbidas de combatê-lo. Assim, a busca e apreensão revela-se um importante instrumento para, como um fator de surpresa, ensejar que as autoridades cheguem *junto* ao sonegador no momento em que o ilícito está sendo ou terminou de ser consumado. Com efeito, existem situações em que há mister de acesso aos livros, documentos fiscais ou outro elemento probatório (a contabilidade não oficial) por dupla finalidade: garantir a existência de uma prova e impedir o seu perecimento. Nesse instante é preciso, com urgência, utilizar a busca e apreensão, com o intuito de desvendar a fraude lesiva ao cofre público. E o que a norteia é o princípio da verdade real, que, conforme Betiol,[7] destina-se a mostrar os fatos em sua subsistência histórica, sem distorções, obstáculos e deformações. Se no processo criminal é indispensável a observância do princípio constitucional da ampla defesa, não menos necessária é a possibilidade de ampla investigação do crime na fase preparatória à ação penal. Os direitos e garantias fundamentais do investigado, via de regra, merecem ser preservados. Entretanto, os órgãos do Estado não podem ficar tolhidos na sua atuação de desvendar as infrações penais, face ao interesse superior que defendem. Por isso, pode-se afirmar que tais direitos e garantias, em algumas situações, foram mitigados pela Constituição Federal e encontram suporte na legislação processual penal. É o caso da autorização judicial para ingresso no recinto do lar do investigado, onde os direitos de privacidade e de inviolabilidade da residência cedem frente aos interesses público e da justiça de esclarecimento do delito fiscal, onde o Estado e a sociedade são vítimas.

2. Conceito. Natureza jurídica.
Fundamentos constitucional e legal. Situações práticas

A *lesão* à ordem tributária, tutelada pelo legislador ao prever os crimes contra a ordem tributária, faz nascer para o Estado o *jus puniendi* e a obrigação legal das autoridades de tomarem todas as medidas indispensáveis ao esclarecimento do delito – o *jus persequendi*. A fraude fiscal acarreta dano ao erário, impedindo o Estado de empregar os recursos

---

[6] FISCHER, Douglas. *Delinqüência Econômica e Estado Social e Democrático de Direito*, Porto Alegre: Verbo Jurídico, 2006, p. 142.

[7] *Apud* AVOLIO, Luiz Francisco Torquato. *Provas Ilícitas*, São Paulo: RT, 1999, p. 39.

Crimes contra a Ordem Tributária – Medidas Acautelatórias

públicos nos fins sociais. Porém, se fosse isso apenas, já seria motivo de repulsa e de enérgica reação das autoridades incumbidas de combatê-la. Tal espécie de delito, ainda, causa desigualdade de concorrência no mercado, resultando em antiético e criminoso comportamento que o *"abala e contamina"*. Efetivamente, porque o respectivo valor do tributo sonegado é desconsiderado ou repartido – conluio entre o vendedor e o adquirente da mercadoria – na ocasião da operação sonegada. Isso é tão nefasto ao ponto de existirem reclamações de empresários contra as sonegações de impostos praticadas por seus concorrentes. O correto recolhimento de tributo ao Estado garante a igualdade de concorrência, isto é, preserva o equilíbrio na competição entre os grupos econômicos e, especialmente, o direito das pequenas empresas manterem-se no mercado.

Tratando-se de Direito Penal Econômico,[8] não se pode esquecer que a legislação processual penal, além de garantir a eficácia da norma penal, apresenta-se como uma garantia da efetividade das medidas de política econômica, indispensável ao bem-estar da sociedade.

Para obterem-se as provas contra a criminalidade do *colarinho branco* na órbita investigatória, pode ser preciso *lançar mão* da busca e apreensão. Buscar é localizar ou procurar algo e apreender significa pegar ou captar o que se pretende. A busca e apreensão é a diligência que se faz em determinado lugar com o fim de aí encontrar-se a pessoa ou coisa que se procura, segundo Borges da Rosa.[9] Em verdade, no que se refere ao crime fiscal, ela recai na sua grande maioria em coisa. Daí a razão de a doutrina[10] chamá-la de busca real.

A busca e apreensão é considerada em nosso Código de Processo Penal como meio de prova, cuja natureza é acautelatória e coercitiva. O renomado Miranda[11] conceituou os meios de prova como aqueles pelos quais se ministram os elementos ou motivos da prova, salientando: "Porque mediante eles se firma convicção sobre algum fato, positivo ou negativo, que se alegou". É acautelatória por assegurar a obtenção e

---

[8] CAMARGO, Ricardo Antônio Lucas de. *Direito Econômico*, Porto Alegre: Fabris, 2001, p. 197.

[9] *Apud* NOGUEIRA, Paulo Lúcio. *Curso Completo de Processo Penal*, São Paulo: Saraiva, 1986, p. 232.

[10] NORONHA, E. Magalhães. *Curso de Direito Processual Penal*, São Paulo: Saraiva, 1986, p. 93; CAPEZ, Fernando. *Curso de Processo Penal*, São Paulo: Saraiva, 2003 p. 268.

[11] MIRANDA, Pontes de. *Tratado de Direito Privado*, Rio de Janeiro: Borsoi, 1970, p. 415.

perpetuação da prova.[12] E coercitiva, no dizer de Mayer,[13] porque a força do Estado, por lei, é utilizada para apossar-se de elementos de prova. Descobertos os elementos de prova, não se irá deixá-los onde estiverem; eles deverão ser apreendidos.[14] O cotidiano tem mostrado como acontecem "sinistros" que destroem as provas ...

Trata-se de uma medida a ser efetivada, de forma imediata e em caráter de urgência, sem o contraditório, porque o requerido, uma vez tendo ciência, poderá frustrá-la. O Supremo Tribunal Federal, no Agravo Regimental nº 897-5,[15] decidiu que o princípio do contraditório não prevalece na fase investigatória, face a sua unilateralidade e inquisitoriedade, e que, conforme se extrai do voto do Ministro Moreira Alves,[16] existem "tipos de providências que são absolutamente incompossíveis com o contraditório, como, por exemplo, a busca e apreensão e o bloqueio de bens".

A busca e apreensão criminal, ao contrário daquela prevista no Código de Processo Civil, não se trata de uma ação. Trata-se, como diz Frederico Marques,[17] de providência ou procedimento cautelar destinado a formar o corpo de delito e sobretudo o *corpus instrumentorum* do fato delituoso.

Na prática, por caracterizar o fato, em tese, crime contra a ordem tributária, o Ministério Público ou a Polícia Civil recebem a notícia da evasão fiscal e têm legitimidade para ingressar com a medida acautelatória. Tal notícia-crime, em sua imensa maioria, é encaminhada pelo órgão fazendário. A informação também é levada por um particular, que, geralmente, está irresignado com o criminoso. Pode ser decorrente de uma empresa de idêntico ramo de atividade industrial ou comercial, que se sente prejudicada com a concorrência desleal; de ex-emprega-

---

[12] ARANHA, Adalberto José Q.T. Camargo. *Da Prova no Processo Penal*, São Paulo: Saraiva, 1996, p. 232.

[13] *Apud* ESPÍNOLA FILHO, Eduardo. *Código de Processo Penal*, Vol. III, Campinas: Bookseller, 2000, p. 245.

[14] TORNAGHI, Hélio. *Curso de Processo Penal*, São Paulo: Saraiva, 1987, p. 460.

[15] *Revista Trimestral de Jurisprudência* nº 157, p. 44-51.

[16] No mesmo sentido, na ocasião do Agravo Regimental nº 897-5, manifestou-se o Ministro Sepúlveda Pertence, sustentando que é impossível estabelecer, como regra geral, o princípio do contraditório, aduzindo: "Do contrário, Sr. Presidente, na hipótese extrema, teríamos, antes da autorização de uma escuta telefônica, que estabelecer um contraditório com quem seria o objeto dessa escuta, de modo a frustar, antecipadamente, a investigação."

[17] MARQUES, Frederico. *Elementos de Direito Processual Penal*, vol. 2, Campinas: Millenium, 2000, p. 369 e 374.

do; ex-cônjuge; ou consumidor que, embora tenha comprado e pago o preço, não receba a mercadoria em condições adequadas ou não obteve a nota fiscal, etc. Enfim, por *trás* da corajosa notícia da lesão ao erário, via de regra, há o interesse pessoal do noticiante em *atingir* o autor do ilícito, mediante a comunicação deste à Justiça. Todavia, do ponto de vista da autoridade que examina o caso, só cabe perquirir se os fatos trazidos caracterizam o crime tributário. Em sendo a resposta negativa, o encaminhamento de arquivamento se impõe, salvo se caracterizar infração administrativo-fiscal. Nesta situação, deve ocorrer a imediata comunicação à Fiscalização Tributária da pessoa jurídica de direito público que teria sofrido o dano. Em sendo positiva a resposta, cumpre indagar em detalhes, dentre outros aspectos, o seguinte: quais os fatos que atentaram contra a ordem tributária (importam para a classificação penal); como eram praticados os *expedientes* ardilosos engendrados para enganar o fisco; o local ou locais onde as provas poderão ser encontradas; quem é o autor/co-autor (não se pode esquecer o conluio entre representantes de empresas para iludir o ente público). Tais aspectos merecem constar na fundamentação do requerimento da cautelar.

A busca e apreensão está autorizada pela Constituição Federal, pois, no art. 5º, XI, facultou-se o ingresso na casa do indivíduo, sem o seu consentimento, desde que durante o dia e após prévia autorização judicial.[18]

Daí decorre que os direitos fundamentais de privacidade (art. 5º, X, da CF) e inviolabilidade da casa do cidadão, por imposição constitucional, cedem aos interesses público e da justiça – considerados superiores – de esclarecimento de infração penal. Não é por nada, pois, que o Supremo Tribunal Federal, julgando o Mandado de Segurança nº 23.452/RJ[19] decidiu:

> Não há no sistema constitucional brasileiro direitos ou garantias que se revistam de caráter absoluto, mesmo porque razões de relevante interesse público ou exigências derivadas do princípio de convivência das liberdades legitimam, ainda que excepcionalmente, a adoção, por parte dos órgãos estatais, de medidas restritivas das prerrogativas individuais ou coletivas, desde que respeitados os termos da Constituição.

Quanto ao que seja compreendido como durante o dia, existem na doutrina três posições: 1ª) aplica-se por analogia o art. 172 do CPC:[20] o

---

[18] O Ministério Público tem poderes de notificação e requisição, sendo sempre preferível realizar as suas diligências diretamente, salvo em caso de reserva de jurisdição, como no caso de busca e apreensão, prisão preventiva, interceptação telefônica, etc.

[19] DJ de 12.5.2000, p. 20.

[20] Pela antiga redação do art. 172 – agora alterado pela Lei nº 8.952, de 13.12.1994 – os atos processuais poderiam ser realizados entre às seis e às dezoito horas.

período entre seis e vinte horas;[21] 2ª) lapso temporal entre a aurora e o crepúsculo;[22] 3ª) entende mais razoável o prazo entre as seis horas e dezoito horas, previsto antes no art. 172 do CPC, pois em alguns lugares – Norte, Nordeste e Sul –, em realidade, já é noite e algumas pessoas já se põem a dormir.[23] Por isso, visando-se evitar qualquer discussão quanto à constitucionalidade da medida, é de boa diretriz dar início a sua execução na parte da manhã, a partir das seis horas, porque, especialmente em crimes fiscais, muitas vezes os locais[24] a serem vasculhados são extensos e vasta a documentação a ser analisada e cotejada para ver o que interessa para formalizar no auto de apreensão. Além disso, uma vez iniciada durante o dia, a sua execução não será interrompida pela chegada da noite. Ora, se os executores tivessem que se retirar, o elemento de convicção procurado poderia, evidentemente, sumir por ato dos interessados, frustrando-se tudo.

Da mesma forma, em termos de legislação infraconstitucional, o art. 240, § 1º, "b", "e" e "h", do Código de Processo Penal ampara a sua utilização, inserindo-a no Título "Da Prova", em capítulo específico. O legislador, no tocante à prova do crime fiscal, especificou três hipóteses em que pode ser necessária a busca e apreensão: a) apreender instrumentos de falsificação ou de contrafação e objetos falsificados ou contrafeitos (a máquina utilizada para falsamente autenticar a guia de tributo ou o carimbo *frio* de Posto Fiscal, e.g.); b) descobrir objetos necessários à prova de infração (o computador ou disquete que contenha as transações comerciais ocultadas do fisco, e.g.); c) colher qualquer elemento de convicção. A última hipótese tem vasta amplitude, propiciando, face aos seus termos, a apreensão cautelar de qualquer objeto comprobatório de crime fiscal. Em tais casos, o legislador denominou a busca de domiciliar.

Nos casos em que a autoridade conseguir apreender os controles paralelos, caixa dois ou quaisquer outros documentos que retratem registro de operação fiscal não escriturada nos livros próprios (vias de pedidos, planilhas, cadernos, livros, fichas, etc.), deverão eles instruir a

---

[21] ARANHA, Adalberto José Q. T. *Da Prova no Processo Penal*, São Paulo: Saraiva, 2004, p. 268.

[22] CAPEZ, Fernando. *Curso de Processo Penal*, São Paulo: Saraiva, 2003, p. 271.

[23] TOURINHO FILHO, Fernando da Costa. *Processo Penal*, São Paulo: Saraiva, 1997, p. 363.

[24] No RS as provas já foram encontradas em locais inesperados, como: veículo, sótão de empresa; sítio de lazer; apartamento especialmente alugado para escondê-las, etc.

ação penal que for deflagrada, pois se constituem em documentos necessários à prova da infração.[25]

São exemplos, resumidos, de casos ensejadores da medida em análise: 1) o contribuinte aluga mais de um imóvel para esconder notas *paralelas* da empresa; 2) o derrame de notas fiscais *frias*, escrituradas para gerar créditos fiscais em várias pessoas jurídicas, cujas informações apontam para uma gráfica que imprime os falsos talões; 3) uma empresa, fabricante de bebidas (substituto tributário), utiliza notas fiscais de outros estabelecimentos de *fachada*, a fim de ocultar as saídas das mercadorias; 4) os documentos assinados pelo verdadeiro dono da pessoa jurídica, que utiliza testas-de-ferro em seus negócios escusos, estão escondidos na sua residência.

Em tais exemplificações, não há dúvida de que, uma vez existindo os elementos probatórios suficientes, as provas de autoria e/ou materialidade podem ser buscadas e apreendidas nos locais indicados.

3. A coleta de prova na "assessoria" do sonegador

A tributação é a forma pela qual o Estado obtém a receita para enfrentar os desafios em prol da coletividade, visando atingir os preceitos insculpidos na Constituição da República Federativa do Brasil. E o planejamento tributário tem o importante objeto de verificar a legalidade dos negócios/fatos que foram ou serão praticados pelo contribuinte. Sua missão é estudar a situação jurídica da pessoa e, considerando o exercício da livre iniciativa e de que ninguém está obrigado a pagar o que não é devido (art. 5º, II, da CF), indicar os *caminhos* que acarretem os melhores resultados, de modo que resultem na eliminação ou redução da carga tributária. Assim, relevantes serviços as assessorias têm prestado desempenhando tal papel, principalmente face ao emaranhado de leis que disciplinam os tributos no país. Ocorre, porém, que, felizmente poucas vezes, algumas se desviam do rumo da legalidade, assumindo uma *roupagem* de "economizar" para o cliente a qualquer *custo*. O planejamento tributário, então, na sua *engenhosidade,* pode terminar conduzindo o contribuinte para a ilicitude – operações *disfarçadas*.

Portanto, aspecto peculiar é a execução da medida em exame nas conhecidas assessorias dos contribuintes, particularmente jurídicas e contábeis. Todos são iguais perante a lei – art. 5º, *caput*, da CF – e, evidentemente, quando profissionais de tais áreas não agem dentro da

---

[25] RIZELO, Sérgio Antônio. *Cadernos do Ministério Público de SC*, nº 1, p. 24.

legalidade, mas, ao contrário, passam a concorrer para que ilícitos criminais ocorram em flagrante prejuízo ao erário, a busca e apreensão poderá ser efetivada no escritório onde esteja a prova do delito. É que o exercício das atividades advocatícia e contábil não é *manto protetor* para a consumação de crimes fiscais. Ora, se o indivíduo, em sua atividade profissional, passa a contribuir para que a pessoa beneficiada com seus serviços fraude o fisco, nada impede que se diligencie em seu local de trabalho, a fim de coletar a prova esclarecedora da sonegação fiscal e sua autoria. Aliás, não é por nada que a lei permite a apreensão de documento em poder do Defensor, especialmente se constituir elemento do corpo de delito (art. 243, § 2º, do CPP). Para reforçar o argumento de que o local de trabalho do Advogado não pode ser considerado o "asilo do crime", o art. 7º, II, da Lei nº 8.906/94 (Estatuto da Advocacia) dispõe que é direito do Advogado "ter respeitada, em nome da liberdade de defesa e do sigilo profissional, a inviolabilidade de seu escritório ou local de trabalho, de seus arquivos e dados, de sua correspondência e de suas comunicações, inclusive telefônicas ou afins, salvo caso de busca e apreensão determinada por Magistrado".

O Contador, em decorrência de lei, é obrigado a escriturar corretamente a contabilidade e, por isso, precisa manter a guarda de notas e livros fiscais. Assim sendo, se motivo sério indicar que ele não apresentará os documentos indispensáveis para a conclusão de investigação da autoridade ou elementos probatórios demonstrarem o risco de que os mesmos venham a sumir em suas mãos, cabível será a concretização da cautelar no lugar em que atue. O mesmo acontecerá se notas fiscais, listagens, orientações da empresa e outros documentos, em poder do Contador, comprovarem que os registros fiscais na contabilidade eram falsos.

Veja-se a propósito a ementa que segue de *decisum* do Superior Tribunal de Justiça, ROMS nº 9.882/SC,[26] no sentido de autorizar a busca no escritório de Advogado: "Mandado de Segurança – Matéria Criminal – Busca e Apreensão em escritório de advocacia emanada de autoridade judicial – Representação Oferecida pela Ordem dos Advogados do Brasil – Alegação de ofensa a direito líquido e certo do exercício da advocacia – Inocorrência – Segurança Denegada."

Aliás, percuciente é a observação de Lilley,[27] ao chamar a atenção para o reduzido número de denúncias normalmente apresentado por esses profissionais, comparativamente ao fato de suas atividades cen-

---

[26] DJ de 04.12.2000, p. 55.
[27] LILLEY, Peter. *Lavagem de Dinheiro*, São Paulo: Futura, 2001, p. 94.

tralizarem-se principalmente no dinheiro e no conhecimento detalhado dos padrões, das estruturas e dos sistemas financeiros.

Enfim, se o Advogado, Contador ou qualquer outro profissional envolvido, durante o planejamento tributário empresarial, orienta, colabora e/ou auxilia na pratica de fatos que caracterizam as condutas proibidas dos arts. 1º e 2º da Lei nº 8.137/90, deverá por isso responder criminalmente – art. 11 da referida lei e art. 61, II, "g", do Código Penal –, sujeitando-se, pois, a todas as providências inerentes à *persecutio criminis*.[28] A elisão fiscal, objetivo do planejamento tributário, diferencia-se da evasão fiscal, porque esta é uma fraude, simulação, um engodo contra o erário, enquanto aquela é lícita.

4. O procedimento da busca e a providência cautelar na instituição financeira

A autoridade que pretenda obter ou preservar a prova de crime tributário poderá ingressar com o pedido de busca e apreensão dos documentos/objetos que venham a demonstrar as operações sonegadas da Fazenda Pública e/ou que vinculem os reais autores aos crimes perpetrados.

No entanto, por ocasião da iniciativa da medida, o primeiro aspecto que terá de ser indagado é qual o tipo de tributo sonegado, pois necessário para a definição da Justiça (Estadual ou Federal) a quem, em tese, competirá apreciá-la e julgar o processo por crime contra a ordem tributária. A evasão fiscal de tributo da União acarretará a cautelar na Justiça Federal, que, aliás, é a competente para o julgamento de delito lesivo ao erário federal (art. 109, IV, da CF). E o crime praticado contra a ordem tributária de Estado ou Município é de alçada da Justiça Estadual. Portanto, objetivando-se a prova do aludido ilícito penal e que resulte prejuízo ao Estado ou Município, deverá a medida ser proposta na Justiça Estadual.

Em síntese, cada Justiça é competente para julgar o caso que diga respeito ao tributo de sua competência, pois a ordem tributária da União

---

[28] Enquanto reviso o presente trabalho constato no Jornal do Comércio, de 4.5.2005, a seguinte matéria: "Sonegação Contadores na Berlinda". Na notícia é destacado que os Contadores estão correndo mais riscos de serem enquadrados por crime tributário, junto com o empresário. É alertado aos Contadores que tenham atenção redobrada no recebimento e entrega de documentos, porque, hoje, a atividade tributária está atrelada à sanção criminal.

é uma e a do Estado é outra. É o entendimento do STF, conforme se vê na ementa do HC 90.205/RS:[29]

> *HABEAS CORPUS.* PROCESSUAL PENAL. CRIMES TRIBUTÁRIOS DE COMPETÊNCIA FEDERAL E ESTADUAL. AÇÕES QUE TRAMITAM PERANTE JUÍZOS DISTINTOS. CONEXÃO DE AÇÕES. NÃO-OCORRÊNCIA. BENS JURÍDICOS DISTINTOS. ORDEM DENEGADA. 1. Não há conexão entre a ação penal oriunda da Justiça Estadual, que se processa por crime de sonegação de ICMS, tributo estadual, estando o bem jurídico tutelado diretamente relacionado à Fazenda Estadual do Rio Grande do Sul, e aquel outra em trâmite na Vara Criminal de Bauru-SP, sendo apurados os crimes de sonegação de IPI (imposto sobre produtos industrializados), PIS (Contribuição para o Programa de Integração Social) e COFINS (Contribuição para o Financiamento da Seguridade Social), todos tributos de natureza federal, sendo o fisco federal lesado. 2. Os bens jurídicos tutelados são diversos e a violação a eles atinge distintas esferas do Poder Público, devendo cada crime ser apurado no juízo respectivo, de acordo com as regras de competência, processualmente previstas. 3. *Habeas corpus* denegado.

O legislador exige para o seu deferimento o requisito das "fundadas razões" (art. 240, § 1º, do Código de Processo Penal). O requerente, então, deverá expor a imprescindibilidade da medida e indicar que a coisa procurada está em determinado local. A busca e apreensão, aqui estudada, é uma providência cautelar que acontece, via de regra, na fase pré-processual e objetiva colher e tutelar a prova criminal. Está vinculada às regras constitucionais e processuais penais. Assim, exige-se a presença de fundadas razões, termo que abrange os pressupostos de *fumus boni iuris* e *periculum in mora*. Não é, portanto, razoável deixar de apreciar se os fatos constituem crime tributário e se o pedido está fundamentado com as razões de sua necessidade, bem como se é verificável o prejuízo para a investigação, caso não venha a ser deferida a medida acautelatória.

A busca deve ser realizada em sigilo e com urgência – liminarmente, sob pena de se perderem vestígios do crime. Para tanto, devido à possibilidade de *vazamento* de informações, quanto menor o número de pessoas cientes da diligência a ser realizada, maior será a probabilidade de êxito. Outrossim, "fundadas razões", *exempli gratia*, na evasão de ICMS com máquina emissora de cupom fiscal (detentora de controle interno de vendas, nela inserido para intencionalmente omitir vendas do Fisco), é demonstrar a necessidade da apreensão do equipamento que está omitindo as saídas de mercadorias e os seus respectivos valores. Pode a medida ser instruída com depoimento comprobatório da referida artimanha e/ou documento da transação comercial que não teve a sua emissão autorizada pela Fiscalização Tributária. O Poder Judiciário,

---

[29] DJ de 16.2.2007, p. 49.

na ocasião da apreciação do pedido, deverá fundamentar a decisão (art. 93, IX, da CF), como forma de evitar o decreto de sua nulidade.

No tocante ao momento da propositura, pode a medida em tela ocorrer em qualquer uma das fases da *persecutio criminis* – investigatória ou instrutória –, embora a maior parte das buscas aconteça na primeira, pois nesta está sendo apurada a prova que determinará a manifestação do Ministério Público em promover ou não a ação penal.

Após o deferimento do pedido pela autoridade judiciária, deverá ser expedido o mandado, contendo os requisitos do art. 243 do CPP, dentre estes os fins da diligência, cujo cumprimento poderá ser acompanhado pelo Ministério Público, fiscal da lei. As pessoas que se encontrem no local, onde ocorre a busca domiciliar, podem ser revistadas independente de ordem explícita no mandado, porque a busca pessoal acontecerá no curso daquela (art. 244 do CPP).

Se o resultado da diligência for positivo, o material apreendido deverá ser especificado no respectivo auto, sob pena de provocar discussão a respeito da veracidade da apreensão.

A apreensão de *coisa* em casa sem as formalidades legais, dentre estas a ausência de autorização judicial (art. 5º, XI, da CF), em decorrência de diligência exclusiva do Promotor de Justiça ou Delegado de Polícia,[30] torna a prova ilícita. O reconhecimento da ilicitude da prova acarreta a sua inadmissão no julgamento do processo criminal (art. 5º, LVI, da CF). Todavia, tal regra não é absoluta,[31] porque é preciso o confronto ou peso entre os bens jurídicos constitucionalmente garantidos, a fim de se admitir, ou não, a prova obtida por meio ilícito.[32]

Ademais, uma vez distribuída a busca e apreensão, esta tem o condão de levar o julgamento da ação penal para a mesma Vara Criminal do Juiz que a apreciou, porque firmada a prevenção (art. 75, parágrafo único, e 83 do CPP). De outro lado, se a denúncia firmada pelo Promotor for encaminhada para a Vara Criminal diversa daquela que deferiu a cautelar, cabe ao denunciado argüir a incompetência no mesmo prazo da defesa prévia. É que a jurisprudência do Supremo Tribunal Federal[33] está consolidada no sentido de que é relativa, no processo penal, a

---

[30] O art. 241 do CPP, no trecho em que faculta a busca, sem mandado, pela autoridade policial, está revogado.

[31] GRECO FILHO, Vicente. Manual de Processo Penal, Saraiva, São Paulo: 1993, p. 178.

[32] O assunto da admissibilidade da prova obtida por meio ilícito foi objeto de maior exame no estudo da Quebra de Sigilo Bancário.

[33] O STF, no HC nº 69.599-0/RJ, decidiu: "O art. 83 C. Pr. Penal há de ser entendido em conjugação com o art. 75, parág. único: só se pode cogitar de prevenção da competên-

competência por prevenção, cabendo ao acusado sustentá-la, naquela oportunidade, sob pena de ser prorrogada a competência e o Juiz passar a ser competente para o exame do processo criminal.

É pertinente salientar, ainda, que as informações bancárias existentes em disquetes e computadores, no caso de recusa do seu fornecimento pela instituição financeira – após a ordem de quebra de sigilo bancário –, também podem ser objeto de busca e apreensão. Com efeito, conforme assevera Vidal de Souza,[34] o sigilo constitucional de dados não assegura que aquelas contidas no sistema informatizado não possam ser apreendidas como qualquer outro documento. O sigilo das comunicações de dados assegura única e exclusivamente a interceptação ilícita e clandestina de tais informações armazenadas em disquetes e microcomputadores, evitando-se, portanto, atentados ao direito individual. Conclui ele que, se assim não for entendido, bastaria ao agente transferir ou proceder toda a documentação comprobatória de sua prática criminosa para um sistema de informática, evitando qualquer sanção, em decorrência do alegado sigilo absoluto de dados.

E o STF,[35] quanto à apreensão de computador, pronunciou-se:

> [...] não houve quebra de sigilo das comunicações de dados (interceptação das comunicações), mas sim apreensão de base física na qual se encontravam os dados, mediante prévia e fundamentada decisão judicial. A proteção a que se refere o art. 5º, XII, da Constituição, é da comunicação de "dados" e não dos "dados em si mesmos", ainda quando armazenados em computador.

No art. 2º, III, da Lei nº 9.034/95, que dispõe sobre a utilização de meios operacionais para a prevenção e repressão de ações praticadas por organizações criminosas, constou que caberão os procedimentos de investigação e formação de provas, tais como o acesso a dados, documentos e informações bancárias e financeiras. Destarte, havendo mister da obtenção desses documentos, impõe-se a busca e apreensão.

---

cia, quando a decisão, que a determinaria, tenha sido precedida de distribuição: não previnem a competência decisões de Juiz de Plantão, nem as facultadas, em caso de urgência, a qualquer dos Juízes criminais do foro. A jurisprudência do STF está consolidada no sentido de que é relativa, no processo penal, não só a competência territorial de foro, mas também a firmada por prevenção (precedentes): donde, à falta de exceção tempestivamente oposta, o convalescimento, pela preclusão, da incompetência do Juiz que equivocamente se entendeu prevento". No mesmo sentido de considerá-la nulidade relativa, em tal caso, é o HC nº 83.086/MG, in DJU de 12.03.2004, p. 52, pois a nulidade só é declarada quando evidenciado o prejuízo para a defesa, o que não restou demonstrado.

[34] *Apud* GOMES, Luiz Flávio, CERVINI, Raúl. Crime Organizado, RT, São Paulo: 1997, p. 122.

[35] RE 418.416/SC, DJ 19.12.2006, p. 37.

5. A Impugnação eficaz contra o indeferimento de busca e apreensão

A pessoa com interesse em obter a devolução de objetos apreendidos judicialmente poderá ingressar com o denominado pedido de restituição de coisa apreendida, face aos termos do art. 112 do CPP, salvo se esta interessar à investigação ou processo.

Dúvida, no entanto, poderá surgir se houver o indeferimento da busca e apreensão, pois a situação não se insere em nenhuma das hipóteses específicas do recurso em sentido estrito – art. 581 do CPP. O razoável, então, é procurar amparo legal no recurso *genérico* de apelação.

Em verdade, são raros os precedentes judiciais a respeito do assunto, como o objeto de discussão no âmbito do Tribunal Regional Federal – 1ª Região, nos autos da Apelação nº 1998.01.00.097388-1/MA,[36] onde, após o exame da decisão impugnada, o Ministério Público obteve êxito na admissão e provimento de recurso de apelação, conforme se vê no trecho do acórdão: "A decisão que indefere pedido de busca e apreensão, além de não ser recorrível nos termos do art. 581 do CPP (recurso em sentido estrito), na verdade não encerra a relação processual. Muito mais quando o pedido é feito na fase pré-processual, dado à inexistência da própria relação processual. Ocorre que a legislação processual penal é arcaica, tendo sido feita quando a busca e apreensão domiciliar poderia ser realizada por ordem da autoridade policial. Quid se o Juiz indefere tal diligência? Acredito que se deva dar uma interpretação evolutiva ao texto legal, sob pena da decisão indeferitória se tornar irrecorrível e a investigação policial se tornar, assim, irremediavelmente prejudicada. A jurisprudência, nesse aspecto, vem caminhando no sentido de que, se a hipótese não estiver prevista entre as atacáveis pelo recurso específico previsto no art. 581 do CPP, cabível é o recurso genérico da apelação (TACrimSP, RT 525/393)."

O Poder Judiciário, em outros dois precedentes (TRF da 3ª Região, Proc. nº 2002.61.81.005007-7,[37] julgado em 9/12/2003, e TRF da 5ª Re-

---

[36] DJ de 11.6.1999, p. 256.

[37] Cabe referir o trecho da ementa do referido acórdão: "Apelação Criminal – Rádio Comunitária – Indeferimento de Busca e Apreensão – Adequação da via eleita – Recurso Provido. 1. Decisão que indeferiu pedido de busca e apreensão ... formulado pelo Senhor Delegado de Polícia Federal. 2. Cabimento do recurso de apelação pelo Ministério Público Federal, porque o indeferimento do pedido de concessão da medida assecuratória qualifica-se como sentença com força de definitiva em sentido estrito."

gião da 5ª Região, Proc. n° 2001.81.00.019249-1,[38] julgado em 4.5.2002) conheceu e proveu as apelações do Ministério Público, reformando as decisões indeferitórias das medidas cautelares de buscas, sob o fundamento de que elas apresentavam *força de definitivas*, nos exatos termos do exigido no art. 593, II, do Código de Processo Penal.

Assim, mesmo sendo cabível a apelação para a situação do indeferimento em exame, podem surgir situações em que não seja possível aguardar o desfecho do moroso rito legal do recurso. A prática forense mostra que a medida cautelar de busca deve ser requerida rapidamente e deferida "da noite para o dia", isto é, de imediato, sob pena de perder-se importante elemento de prova. É possível apontar, ao menos, um exemplo de urgência da execução da medida: quando há o informe de que os documentos da *contabilidade paralela*, omitidos do fisco, estão sendo transferidos para local ignorado ou serão destruídos.

Em situações de urgência, é inconcebível que se fique aguardando a apreciação da apelação pelo Tribunal, privando o Ministério Público de obter os elementos de prova que se destinam a conferir sustentação à atividade estatal de que está constitucionalmente incumbido. Vale lembrar que, no combate aos crimes tributários, o Ministério Público não visa apenas a fazer incidir o *jus puniendi*, mas, sim, tutela os direitos fundamentais à vida, à saúde, à segurança, à igualdade, etc. Enfim, direitos do cidadão e deveres constitucionais do Estado, que não serão atendidos se inexistir a sua fonte financeira – o tributo. Impõe-se, assim, outra providência de ordem judicial que preserve a coleta de provas do crime tributário e sua autoria.

No exame dos instrumentos constitucionais e legais do Direito Brasileiro, o mandado de segurança sobressai-se como a ação que propicia o restabelecimento do direito líquido e certo violado ou ameaçado de *lesão* em decorrência do ato de autoridade judicial – art. 5°, LXIX,

---

[38] Também cabe citar a ementa – parcialmente – do aludido acórdão: "Cuidando a hipótese de Inquérito Policial, não originário, e cuja competência é de Juiz Federal de 1° grau, onde se apura, em tese, a ocorrência de crime ... cuja decisão interlocutória recorrida, por sua natureza, pôs termo a uma etapa do procedimento, tem força definitiva para fins de apelação – art. 593, II, do CPP. A Busca e Apreensão, ora requerida, apresentam-se incensuráveis, no quanto de ser uma diligência legalmente autorizada, em termos de uma cautelar penal, autorizada não só pela legislação específica (§ único do art. 70 da Lei n° 4.117/62), como pela própria norma processual penal (art. 240, § 1°, 'd', do CPP), impondo-se, de logo, a sua autorização, com a reforma da decisão recorrida. Apelação do Ministério Público Federal provida."

da Constituição Federal.[39] Efetivamente, os investigados utilizam com freqüência essa ação, objetivando a liberação de bens apreendidos judicialmente. O Superior Tribunal de Justiça tem conhecido e julgado os recursos ordinários provenientes de mandados de segurança impetrados pela defesa, embora tudo indique que, quanto ao mérito, em sua imensa maioria, sejam desprovidos.[40] O STJ tem decidido, via de regra, na mesma esteira do ROMS n° 13.187/SC,[41] cuja ementa, no que interessa, é transcrita:

> RECURSO ORDINÁRIO EM MANDADO DE SEGURANÇA. PROCESSUAL PENAL. CRIME, EM TESE, CONTRA A ORDEM TRIBUTÁRIA. BUSCA E APREENSÃO DE DOCUMENTOS FISCAIS. NECESSIDADE DE CAUTELA DEMONSTRADA. DECISÃO JUDICIAL FUNDAMENTADA. LEGITIMIDADE E INTERESSE DO MINISTÉRIO PÚBLICO NA REALIZAÇÃO DA DILIGÊNCIA INVESTIGATÓRIA. 1. A medida acautelatória da busca e apreensão, no processo penal, objetiva evitar o desaparecimento das provas do crime, podendo ser decretada pela autoridade judicial, tanto na fase inquisitorial quanto no desenvolvimento da instrução criminal. 2. A decisão judicial ora atacada foi devidamente fundamentada, com justificativas aptas a demonstrarem a necessidade da medida cautelar. Recurso desprovido.

Importa considerar que o fato de haver previsão legal de recurso contra a decisão que indefere a busca e apreensão não pode servir de embaraço à reparação, imediata, da ilegalidade que, por vezes, macula a decisão judicial que nega o pedido de busca e apreensão. O mandado de segurança não se trata, nesta hipótese, de mera providência substitutiva do recurso cabível contra o indeferimento da medida postulada. Cuida-se, isto sim, de verificar se, na situação concreta, a negativa do pedido de busca e apreensão ocorreu de modo a desprezar os dados de fato, de plano comprovados e alcançados ao conhecimento do julgador. Assim, se diante de elementos contundentes e de razões fundadas (art. 240, § 1°, do CPP), devidamente demonstradas, o Magistrado qualifica

---

[39] Diz o art. 5°, LXIX, da CF: "conceder-se-á mandado de segurança para proteger direito líquido e certo, não amparado por *habeas corpus ou habeas data*, quando o responsável pela ilegalidade ou abuso de poder for autoridade pública ou agente de pessoa jurídica no exercício de atribuições do Poder Público;"

[40] Um dos precedentes que confirma a assertiva é o seguinte: "Competindo ao Ministério Público promover, privativamente, a ação penal pública, servindo o inquérito policial apenas de instrumento informativo para formar sua *opinio delicti*, não há óbice legal que, diretamente ou por meio da autoridade policial, obtenha os elementos de convicção para propositura da demanda. Inexiste direito líquido e certo a ser amparado na via estreita do mandado de segurança, na hipótese em que medida cautelar de busca e apreensão foi deferida com base em fortes indícios de irregularidades, a fim de que não desaparecessem elementos de prova. Recurso Ordinário Improvido." (STJ, ROMS n° 12.357/RJ, Sexta Turma, DJ de 05.05.2003, p. 321).

[41] STJ, ROMS n° 13.187/SC, DJ de 14.03.2005, p. 382.

equivocadamente determinados fatos em face de norma legal, externa desarrazoada ou carente fundamentação para afastar o requerimento cautelar, indeferindo o pedido de busca e apreensão em decisão ilegal ou abusiva, com evidente ameaça ou prejuízo ao direito do requerente, deve-se, então, admitir que, em tais hipóteses, o titular da ação penal terá ferido o seu direito líquido e certo de obter legalmente a medida cautelar postulada, de vez que devidamente legitimado a tanto pelos artigos. 5º, LXIX, 127, *caput*,[42] e 129, I e IX, da Constituição Federal e art. 32, I, da Lei nº 8.625/93.[43]

Outrossim, a orientação do Supremo Tribunal Federal[44] e do Superior Tribunal de Justiça,[45] mesmo após a edição da Súmula 267 do STF,[46] é no sentido de que a possibilidade legal de recurso para atacar a decisão judicial não afasta a ação de mandado de segurança, desde que a decisão do Magistrado seja considerada manifestamente ilegal ou com abuso de poder em vista do caso concreto e não seja o recurso apto a evitar a lesão ao direito do impetrante. Veja-se, a propósito, o decidido

---

[42] O art. 127, *caput*, da CF diz: "O Ministério Público é instituição permanente, essencial à função jurisdicional do Estado, incumbindo-lhe a defesa da ordem jurídica, do regime democrático e dos interesses sociais e individuais indisponíveis."

[43] Art. 32 – "Além de outras funções cometidas nas Constituições Federal e Estadual, na Lei Orgânica e demais leis, compete aos Promotores de Justiça, dentro de suas esferas de atribuições: I – impetrar *habeas corpus* e mandado de segurança ..."

[44] "MANDADO DE SEGURANÇA CONTRA ATO JUDICIAL: Súmula 267. É certo que esta Corte, abrandando a rigidez da Súmula 267, tem admitido Mandado de Segurança quando do ato impugnado, puder resultar dano irreparável, desde logo comprovado de plano." (STF, MS nº 22.623, de 9.12.1996).

[45] "O mandado de segurança é cabível somente quando se trata de decisão teratológica, de flagrante ilegalidade ou abuso de poder, em que se torne patente a irreparabilidade do dano." (STJ, ROMS nº 9.882/SC, de 29.06.2000, Rel. Francisco Falcão, in LEXSTJ nº 139, p. 363). "PROCESSUAL PENAL. POLÍCIA JUDICIÁRIA. ATO DE JUIZ DE PLANTÃO. INCOMPETÊNCIA. NULIDADE. Não contraria o art. 4º do CPP a decisão do Tribunal de Justiça que, em mandado de segurança, decreta a nulidade de ato de Juiz de plantão que extrapolou a competência de que se achava investido, ordenando a expedição de numerosos mandados de busca e apreensão relativos a procedimentos criminais distribuídos e tramitando em diversas varas." (STJ, RESP nº 40.362/DF, de 07.02.1994, LEXSTJ nº 59, p. 365). "RECURSO EM MANDADO DE SEGURANÇA. PROCESSUAL PENAL. INQUÉRITO. ENCERRAMENTO. IMPOSSIBILIDADE. BUSCA E APREENSÃO. DECISÃO MOTIVADA. POSSIBILIDADE. O ato que determinou a busca e apreensão dos bens não foi ilegal ou praticado com abuso de poder, ao contrário, encontra-se fundamentado na documentação referente àquele inquérito, com fortes indícios da conduta delituosa praticada, e muito menos foi teratológico. Ausência do alegado direito líquido e certo. Recurso desprovido." (STJ, ROMS nº 17.838/SP, DJ de 28.6.2004, p. 352).

[46] Súmula nº 267 do STF: "Não cabe mandado de segurança contra ato judicial passível de recurso ou correição."

Crimes contra a Ordem Tributária – Medidas Acautelatórias

pelo STJ no ROMS n° 11.731/SP,[47] que fundamentou a possibilidade de mandado de segurança contra ato judicial, *in verbis*:

> RECURSO EM MANDADO DE SEGURANÇA. PROCESSUAL PENAL. ATO JUDICIAL. DECISÃO QUE NÃO SE REVESTE DE TERATOLOGIA OU *ABERRATIO JURIS*. BUSCA E APREENSÃO E QUEBRA DE SIGILO BANCÁRIO. DECISÃO FUNDAMENTADA. POSSIBILIDADE. A jurisprudência vem admitindo o uso do mandado de segurança contra ato judicial, quando o mesmo estiver revestido de teratologia, ou se apresente manifestamente ilegal. A busca e apreensão é providência prevista no Código de Processo Penal e foi devidamente fundamentada nos fortes indícios dos crimes descritos no inquérito policial, assim também se deu com a quebra de sigilo bancário. Constatados os pressupostos autorizativos das medidas tomadas, não há falar-se em direito líquido e certo. Recurso desprovido.

Atente-se para o aspecto de que tais fundamentos jurídicos têm servido para embasar as impugnações promovidas pelos investigados que pretendem a liberação dos bens apreendidos e os Tribunais têm examinado o mérito da demanda. Acrescente-se, ainda, que diante da carência do sistema legal criminal em prever outra medida apta a alterar cautelarmente a situação fática – ato judicial ilegal ou abuso de poder da autoridade –, com ameaça de dano ou lesão ao direito líquido e certo, cabível o *mandamus*, a fim de impedir o desaparecimento da prova do delito, enquanto não julgado o recurso de apelação. Considerando, pois, o princípio da igualdade das partes e o interesse público defendido pelo *custos legis*, não há como negar legitimidade à Promotoria de impetrar o mandado de segurança[48] para modificar a decisão lesiva ou com ameaça de dano ao seu direito de buscar e apreender os indispensáveis elementos probatórios de crime fiscal. Ainda mais agora, depois do Supremo Tribunal Federal ter aprovado a Súmula n° 701,[49] já que ficou expressa a legitimidade do Ministério Público para promover a ação de impugnação aqui tratada.

---

[47] STJ, DJ de 3.6.2002, p. 215.

[48] O STJ, no ROMS n° 17.729/RS, DJ de 28.3.2005, p. 294, especificou o início do prazo de decadência do *mandamus*: "O prazo decadencial para a impetração de mandado de segurança contra ato apontado como lesivo a direito líquido e certo – traduzido na realização de diligência de busca e apreensão em local diverso daquele efetivamente almejado – tem seu termo inicial na data da concretização da diligência, e, não, no momento da denegação de pedido de reconsideração, requerido 08 (oito) meses após."

[49] A Súmula 701 do STF, aprovada em 24.9.2003, diz: "No mandado de segurança impetrado pelo Ministério Público contra decisão proferida em processo penal, é obrigatória a citação do réu como litisconsorte passivo". É claro que, como já decidido pelo próprio STF, tratando-se de cautelar não pode ser cientificado o requerido da medida a ser efetivada – ver nota n° 16.

Há, porém, outra orientação jurisprudencial traçada pelo Colendo Tribunal Regional Federal da 4ª Região, que aceita a correição parcial contra o indeferimento do pedido de busca e apreensão, mesmo que interposta apelação, face ao princípio da fungibilidade recursal. Da Apelação Criminal nº 2007.70.05.002760-5/PR,[50] julgada em 12.09.2007, onde figurou como apelante o Ministério Público, extraim-se:

> Com efeito, tratando-se de decisão que delibera, no curso do procedimento inquisitorial, pelo indeferimento de mandados de busca e apreensão solicitados pela autoridade policial, não se percebe estar diante de situação hábil a desafiar a apelação, mas sim, em verdade, uma correição parcial. Assim, levando-se em consideração que não é o inquérito 'processo', mas procedimento administrativo-informativo destinado a fornecer ao órgão da acusação o mínimo de elementos necessários à propositura da ação penal ... faz-se mister concluir que o Juízo não exerce, efetivamente, no inquérito policial, jurisdição, não podendo ele praticar, por conseguinte, *error in judicando*, mas sim error in procedendo no curso do mesmo. De tal forma, o instrumento jurídico destinado à correição de atos de procedimento como o da hipótese em tela é a correição parcial, porquanto a mesma, a teor do art. 171 do Regimento Interno desta Corte, consiste em medida que visa à emenda de erros ou abusos que importem a inversão tumultuária de atos e fórmulas legais, a paralisação injustificada dos feitos ou a dilatação abusiva dos prazos por parte dos Desembargadores Federais da Turma no Tribunal ou dos Juízes Federais de primeiro grau, quando, para o caso, não haja recurso previsto em lei. Portanto, arrematando essa preliminar questão, tenho deva ser a irresignação conhecida e processada como correição parcial, forte no que prevê o art. 579 do Código de Processo Penal.

A correição parcial, na esfera da Justiça do RS, está prevista no art. 195 do Código de Organização Judiciária,[51] inclusive enseja a liminar para, de pronto, alterar o decidido em 1ª instância, se relevante o fundamento do pedido e houver probabilidade de prejuízo em caso de retardamento. O prazo para a sua interposição é de cinco dias, a contar da data em que o interessado houver tido ciência, inequívoca, do ato ou despacho.

O importante é que haja uma alternativa legal eficaz contra a paralisação de investigação criminal, decorrente da negativa do Judiciário em acolher o pleito de busca.

---

[50] Na fundamentação do acórdão estão registradas outras decisões do TRF – 4ª Região – como precedentes: 2004.04.01.057387/RS, 8ª Turma, 25.5.2005; 2002.040.105.444.80/PR, 7ª Turma, DJU 19.3.2003; 2002.040.104.77582/PR, 7ª Turma, DJU 11.12.2002.

[51] No REsp 589.766/PR, DJ de 1º.8.2005, p. 517, o STJ – 5ª Turma, com relação a negativa de diligências, decidiu: "Esta Turma tem se posicionado no sentido de que a inversão do processo, passível de correição parcial, somente se caracteriza nas hipóteses em que o representante do 'Parquet' demonstra, de pronto, a incapacidade de realização da diligência requerida por meios próprios..."

6. A apreensão de documentos em repartições públicas

O mestre João Mendes Júnior,[52] em 1930, negava a possibilidade de busca e apreensão em repartição pública, pois compreendia que era mais plausível e igualmente prática, em vez desta, a requisição dos documentos pela autoridade judiciária.

Na atualidade, contudo, o assunto é controvertido. Os doutrinadores[53] têm afirmado que, num primeiro momento, basta a requisição de documentos ao chefe da repartição e, se for o caso, ao seu superior hierárquico, cabendo a busca e apreensão na situação concreta de não ser atendida a ordem judicial.

A requisição, em geral, é medida de boa diretriz, pois, em regra, os preceitos[54] de moralidade, eficiência, e obediência à legalidade imperam no serviço público. A utilização dela também impede os esforços dos agentes que deveriam cumprir a medida de busca, porque poderão permanecer concentrados noutros casos, e impede os gastos com o aparelhamento da diligência. Afora isso, pode evitar desgastes desnecessários da imagem da pessoa jurídica de direito público e/ou de seu governante, que muitas vezes não têm qualquer relação com o assunto. Apesar disso, cumpre salientar que os tempos são outros. Sabe-se que um simples telefonema, onde é comunicado o deferimento da providência cautelar, ou uma breve digitação no Sistema Informatizado, pode frustar a obtenção da prova ou desvirtuá-la. Tanto é verdade que o legislador, certamente preocupado com a dimensão dos ilícitos contra a Administração Pública, recentemente estabeleceu como criminosa a inserção de dados falsos em sistemas de informações.[55] Em verdade, não há determinação constitucional ou legal no sentido de que, antes da execução de busca e apreensão, seja imprescindível o descumprimento da requisição. Afinal, vale lembrar, o Poder Judiciário é soberano em suas decisões. Ora, lamentavelmente, não se pode deixar de lembrar que a

---

[52] *Apud* TUCCI, Rogério Lauria. *Revista dos Tribunais*, São Paulo: RT, 1978, n° 515, p. 294.

[53] NORONHA, Magalhães. *Curso de Direito Processual Penal*, São Paulo: Saraiva, 1986, p. 94; NOGUEIRA, Paulo Lúcio. *Curso Completo de Processo Penal*, São Paulo: Saraiva, 1986, p. 114; MIRABETE, Julio Fabbrini. *Processo Penal*, São Paulo: Atlas, 1997, p. 317; TOURINHO FILHO, Fernando da Costa. *Processo Penal*, São Paulo: Saraiva, 1997, p. 371; CAPEZ, Fernando. *Curso de Processo Penal*, São Paulo: Saraiva, 2003, p. 270.

[54] Estabelecidos no art. 37, *caput*, da Constituição Federal.

[55] O novel art. 313-A, acrescentado ao Código Penal pela Lei n° 9.983/2000, diz: "Inserir ou facilitar, o funcionário autorizado, a inserção de dados falsos, alterar ou excluir indevidamente dados corretos nos sistemas informatizados ou banco de dados da Administração Pública com o fim de obter vantagem indevida para si ou para outrem ou para causar dano: Pena – reclusão de 2 (dois) a 12 (doze) anos, e multa."

corrupção e o crime organizado podem estar arraigados nas entranhas do poder público. Muitas vezes não se pode saber com precisão, logo no início da investigação, até onde se estende a teia criminosa da autoria na repartição pública. Não é, pois, conveniente requisitar importante elemento de convicção da infração penal a quem possa estar nela envolvido, face ao grande risco de seu desaparecimento. Por isso, dependendo da peculiaridade do caso, faz-se indispensável o imediato deferimento da busca e apreensão pretendida, sem mister daquela prévia requisição. Aliás, Manzini[56] teve razão quando disse: "No território do Estado nenhum lugar se subtrai às buscas domiciliares, salvo as exceções de direito internacional". Assim, as sedes diplomáticas (embaixadas, sedes de organismos internacionais como ONU e OEA etc.), embora não sejam consideradas extensão do território estrangeiro, são invioláveis como garantia aos representantes alienígenas[57] – agentes diplomáticos, pessoal técnico e administrativo das representações – não podendo, desse modo, ser objeto de busca e apreensão. É que eles não estão sujeitos à jurisdição criminal brasileira.

Portanto, nas situações em que a requisição a determinada autoridade poderá colocar em risco a investigação, mostra-se mais conveniente o ingresso direto de busca e apreensão, evitando-se, assim, que eventuais envolvidos, que deveriam zelar pelos interesses públicos, perpetuem ações contra a ordem tributária ou administrativa, em benefício próprio ou de terceiros. O Supremo Tribunal Federal,[58] ao examinar irresignação contra o deferimento da cautelar em repartição pública, decidiu pela possibilidade desta medida: "Procedimento Penal. Mandado de Busca e Apreensão expedido por Magistrado Federal competente. Execução em repartição pública estadual. Possibilidade. Reconhecimento, na espécie, da competência penal originária do Tribunal Regional Federal. Autoridades estaduais e municipais supostamente envolvidas em alegadas práticas delituosas sujeitas, constitucionalmente, à esfera de competência da própria justiça federal. Inocorrência, em tal caso, de conflito federativo".

---

[56] *Apud* NORONHA, Edgard Magalhães. *Curso de Direito Processual Penal*, São Paulo: Saraiva, 1986, p. 94.

[57] MIRABETE, Julio Fabbrini. *Processo Penal*, São Paulo: Atlas, 2000, p. 61; CAPEZ, Fernando. *Curso de Processo Penal*, São Paulo: Saraiva, 2003, p. 53.

[58] Ação Cautelar n° 403, Rel. Celso Mello, julgada em 1°.7.2005, DJ de 1°.8.2005, Informativo n° 394 do STF.

7. Informação anônima, delação premiada e a ação controlada

Três aspectos relacionados com o tema, por sua importância prática, merecem uma objetiva menção.

O primeiro, é a existência de informação anônima, onde a pessoa não se identifica ao noticiar o crime fiscal. Ocorre, via de regra, por correspondência escrita ou depoimento oral. Este, quase sempre, é mais rico em detalhes, pois proporciona o contato direto do informante anônimo com a autoridade que tem a incumbência de tomar as medidas cabíveis. Nele o noticiante, inclusive, pode identificar-se ao Promotor ou a quem estiverem afetos os fatos. Porém, por receio de ofensa a sua integridade corporal ou de sua família ou, até mesmo, de ser despedido (comenta-se que existe uma *Lista Negra do Mercado*, cujo efeito é acarretar imensa dificuldade ao informante para arrumar trabalho), acaba prestando o depoimento e não o assina. Propicia que sejam indagadas particularidades do esclarecimento da ofensa à ordem tributária, tais como: quem dá as ordens, o *modus procedendi*, como obter as provas, etc. Enseja, também, que se aquilate da sinceridade, faculdades mentais e o real interesse da testemunha anônima.

Outrossim, é evidente que uma informação anônima não permite embasar um pedido de busca e apreensão. No entanto, ela pode servir como importante fonte para a coleta de outras provas que venham a lhe atribuir credibilidade. As novas provas colhidas é que, acompanhadas da notícia anônima, verdadeiramente fundamentarão, se for o caso, a providência cautelar em questão e a prisão dos envolvidos.

O segundo, refere-se à delação premiada. É instituto novo no Direito Brasileiro e já muito utilizado para combater as organizações mafiosas nos Estados Unidos e na Itália, principalmente nos crimes de homicídio, seqüestro e associação para delinqüir. O delator comparece e confessa fatos criminosos, mas que envolvem comparsas ou líderes. Para ter-se a noção do número de Colaboradores da Justiça (*Pentiti*), na Itália, podem ser referidos os dados seguintes:[59] anos 1995, 1996 e 1997, respectivamente 1.052, 1.231 e 1.028 arrependidos.

No Brasil, na esfera do crime fiscal, tem sido pouco utilizada, provavelmente devido a sua pouca divulgação nos meios de comunicação e por não haver tantos *arrependidos* em lesar o cofre estatal. O legisla-

---

[59] PELLEGRINI, Angiolo; COSTA JUNIOR, Paulo José da. *Criminalidade Organizada, Jurídica Brasileira*, São Paulo: 1999, Capítulo VII, Anexos.

dor, esclarece Antônio de Barros,[60] despertou para o assunto a partir de 1990, visando a enfrentar a criminalidade violenta e organizada,[61] bem como aos delitos ofensivos às ordens tributária[62] e econômica e ao sistema financeiro.[63] Pretendeu colher frutos da infidelidade criminal. Desse modo, na tentativa de quebrar a *affectio societatis* – ânimo de constituição da sociedade – ou de conseguir o *rompimento da omertà*[64] (*sic*), a lei autoriza a sua proposta pelo Ministério Público e o deferimento pelo Estado-juiz.

Assim, de acordo com o art. 16, parágrafo único, da Lei n° 8.137/90, o co-autor ou partícipe de crime tributário que espontaneamente revelar a trama delituosa terá a sua pena reduzida de um a dois terços. Tal confissão, pois, pode auxiliar na busca e apreensão e o *premiado* conseguir o benefício legal. No entanto, não se pode deixar de mencionar que, considerando o capítulo "Da Proteção aos Réus Colaboradores", inserido no bojo da Lei de Organização e Manutenção de Programa de Vítimas e Testemunhas Ameaçadas (art. 13 da Lei n° 9.807/99), o Poder Judiciário terá de resolver se o novel diploma legal estende-se, exclusivamente, ao crime de seqüestro ou a qualquer delito.[65] Na situação de vingar a última hipótese, existirá a possibilidade de, no âmbito do crime fiscal, ser concedida a delação premiada, isto é, o perdão judicial e a conseqüente extinção da punibilidade do delator. No entanto, é preciso realçar o decidido pelo Tribunal de Justiça do Rio de Janeiro:[66] "Inocorre a delação premiada se, no momento da fiscalização de rotina, o primeiro contato do réu com quem poderia pilhá-lo na infração, nada disse ele sobre a situação da empresa. A confissão posterior significou apenas uma de-

---

[60] BARROS, Marco Antônio. *Lavagem de Dinheiro*, São Paulo: Oliveira Mendes, 1998, p. 65 e 67.

[61] Art. 8°, parágrafo único, da Lei n° 8.072/90 – conhecida como Lei dos Crimes Hediondos –, estabeleceu a redução da pena de um a dois terços.

[62] Art. 16, parágrafo único, da Lei n° 8.137/90 – Lei dos Crimes contra a Ordem Tributária e Econômica –, com parágrafo acrescentado pela Lei n° 9.080/95, preconizou a mesma redução de pena da nota anterior.

[63] Art. 25, parágrafo único, da Lei n° 7.492/86 – Lei dos Crimes Financeiros –, com parágrafo acrescentado pela Lei n° 9.080/95.

[64] Mario Puzo, em sua obra *Omertà*, Rio de Janeiro: Record, 2001, na parte introdutória, explica tal palavra: "um código de honra siciliano que proíbe informar sobre crimes que sejam considerados negócios pessoais das pessoas envolvidas".

[65] A interpretação de que para obter o perdão judicial é indispensável preencher os três requisitos previstos nos incisos I, II e III do art. 13 da Lei n° 9.807/99 acarretará a sua aplicação, evidentemente, ao crime de seqüestro, pois, no caso de crime tributário, não está sem localização a vítima e nem é preciso preservar a sua integridade.

[66] TJRJ, Apelação n° 2001.050.05070, 7ª Câmara Criminal, Rel. Des. Cláudio Tavares de Oliveira, julgada em 11.06.2002.

corrência natural da grande quantidade de provas obtidas pela fiscalização em exaustivo e elogiável trabalho. E o fato de apontar aos demais, circunstâncias de fácil apuração pelos elementos de provas contidas nos autos, não teve influência exclusiva para a decisão".

O terceiro diz respeito à ação controlada (art. 1º, II, da Lei nº 9.034/95), inovação legislativa que objetivou uma maior instrumentalização no enfrentamento das ações praticadas por quadrilha ou organizações criminosas. Consiste em retardar a intervenção da autoridade do que se supõe a ação criminosa ou a ela vinculada, aguardando-se o melhor momento para a execução da medida, de modo que ela se concretize com maior eficácia do ponto de vista da formação de prova e obtenção de informações. Antes da ação controlada não era facultado à autoridade tergiversar à vista de uma situação de flagrante delito. Era necessário prender sob pena de estar configurado, relativamente à própria autoridade omissa, o delito de prevaricação. Agora, poderá ser retardada a prisão – flagrante diferido.[67]

Assim, por sua amplitude, merece ser entendido que a ação controlada também é aplicável à diligência de busca e apreensão. Uma vez deferida a busca, não é preciso, imediatamente, dirigir-se e entrar no local, pois pode acontecer da necessidade de se aguardar a chegada da coisa a ser apreendida. Também pode ser conveniente esperar que entre no local o autor dos crimes tributários, que se utilizava de testas-de-ferro no *esquema delituoso*, com a finalidade de vinculá-lo à prova. Sabe-se que é praxe no foro o Juiz fixar um prazo razoável para a efetivação da busca, que poderá ser prorrogada após à devida justificativa. No entanto, isso não quer dizer que, diante da nova autorização judicial e da posse do mandado de busca e apreensão, não se possa esperar o instante propício para o cumprimento da medida. É claro que, nesta situação, deverá ser mantida a observação e o acompanhamento indispensáveis. Tudo, como dito, para coletar a melhor prova e informação.

8. Considerações finais

No ensejo, para finalizar o assunto, algumas afirmações podem ser expendidas.

Os meios científicos e tecnológicos que a modernidade conferiu aos órgãos incumbidos de enfrentar a criminalidade do *colarinho branco*

---

[67] GOMES, Abel Fernandes; PRADO, Geraldo; DOUGLAS, William. *Crime Organizado*, Rio de Janeiro: Impetus, 2000, p. 58.

devem ser estrategicamente empregados. Mas, não se pode deixar de utilizar os antigos e eficazes instrumentos que, em época longínqua, o legislador permitiu em lei, dentre estes ressalta-se a busca e apreensão. Nada como a presença da autoridade, sem destemor e com cautela, na coleta direta da prova no local do crime.

Sem prova não se pode falar em fato criminoso, razão pela qual muitas vezes é imprescindível o deferimento da providência cautelar em exame. Assim, devem ser assegurados os direitos fundamentais constitucionais do indivíduo, como a dignidade da pessoa humana e a incolumidade física e moral do requerido. Todavia, de outro lado, não se pode esquecer que o crime fiscal é um crime grave, que subtrai do cidadão o acesso a bens como o próprio direito de viver, assegurado pelas políticas públicas, razão pela qual não é conveniente cercear a amplitude da investigação, exigindo-se pressupostos que o próprio ordenamento jurídico não estabelece.

Na execução da providência cautelar não se exige apenas a correta informação do local a ser diligenciado, a habilidade de armas, o preparo físico e a sensibilidade para escolher o melhor momento para a sua efetivação. É preciso que a autoridade tenha conhecimentos contábil, fiscal e bancários, bem como de Direito Penal-Tributário, dentre outros, sob pena de perder-se a prova que interessa para desvendar os ilícitos. Na ocasião da feitura do auto de apreensão, portanto, muitas vezes é indispensável a existência de equipe multidisciplinar com competência em diversas áreas.

O crime tributário, no Brasil, ainda não é uma infração penal rotineiramente tratada pelo Poder Judiciário, razão pela qual se faz indispensável o trabalho conjunto de diversas instituições públicas, dentre estas destaca-se a Fiscalização Tributária, de molde que, embora complexos os esquemas delituosos, sejam os mesmos bem demonstrados, cabendo, pois, ter em mira a coleta da prova sempre com qualidade.

A obtenção da prova almejada terá a repercussão em duas ordens: liberdade e patrimônio do autor intelectual da sonegação fiscal e, se for o caso, também dos *testas-de-ferro* que concorreram para que o erário fosse lesado. Ou seja, poder-se-á atingir a organização criminosa não só no aspecto da restrição da liberdade de seus integrantes, mas também, se possível, reparar o dano ao erário, via seqüestro de bens.

Uma das dificuldades no combate ao crime com tentáculos no exterior é o cumprimento de investigação e a providência cautelar no estrangeiro. A experiência revela que o crime organizado continua a se

Crimes contra a Ordem Tributária – Medidas Acautelatórias

aproveitar dos limites fronteiriços dos países para concretizar os seus objetivos ilícitos. Existem países com o interesse de manterem-se como autênticos paraísos fiscais,[68] justamente para atrair o dinheiro *sujo*, que depois retorna já *lavado* e muitas vezes sob o rótulo de investimentos estrangeiros. Daí falar-se em cooperação internacional, com o fim de contornar os entraves impeditivos de eficácia na atuação repressora a essa espécie de falcatruas.

Precisa-se perceber que a organização criminosa pode ser identificada a partir da elucidação de crimes tributários e, como conseqüência disso, a reação da justiça deve ser *enérgica* contra os autores desta espécie delitiva.[69]

---

[68] Países que oferecem oportunidades mais vantajosas para empresas e pessoas físicas movimentarem recursos, além do escudo propiciado pelo sigilo em alguns casos. Atualmente mais de 40 países em todo mundo são considerados paraísos fiscais, conforme o Conselho de Controle de Atividades Financeiras – COAF (Lavagem de Dinheiro: Um problema Mundial, Brasília, 1999, p. 14).

[69] A Secretaria da Fazenda do RS estima que, apenas com relação à sonegação de ICMS, o Estado deixa de arrecadar, por ano, cerca de um bilhão de reais, o que representa 10 a 15% do total arrecadado, segundo dados publicados nos Jornais Correio do Povo e Zero Hora, ambos de 15.10.2004. Na Subcomissão de Finanças Públicas da Assembléia Legislativa do RS, que trata da crise financeira do Estado, conforme o Jornal Zero Hora de 17.05.2005, p. 6, o referido órgão fazendário informou que para cada R$ 100,00 arrecadados com ICMS, no ano de 2002, R$ 12,87 deixaram de ingressar no cofre público. Na mesma Subcomissão de Finanças Públicas, segundo o Jornal Correio do Povo de 17.05.2005, a Secretaria da Fazenda esclareceu que o saldo da dívida era de R$ 15,3 bilhões, bem como citou outros números: dos devedores, 52.945 são empresas, correspondendo a dívida de R$ 12,2 bilhões; pessoas físicas tem débitos de R$ 105 milhões; as 50 maiores empresas representam 58% do total de ICMS arrecadado em 2004; as 500 maiores empresas recolheram o equivalente a 84,3% do imposto. A Revista Veja, edição de 27.4.2005, p. 92, divulgou que: "No campo da sonegação, aqui ou lá fora, os dados são escassos. Um estudo recente feito pelo IRS, a receita dos Estados Unidos, examinou 46.000 declarações e encontrou uma taxa de sonegação de 15%. Descobriu ainda que as pessoas físicas com atividades empresariais respondem por 80% do total sonegado. O Chile fez um exame detalhado a respeito de seu imposto sobre valor agregado – tributo semelhante ao ICMS brasileiro – e encontrou uma sonegação de 20%, mas, quando se debruçou sobre os impostos que incidem sobre a renda, a sonegação saltou para 36%. O México calcula que a sonegação do imposto de renda de pessoa física é de inacreditáveis 77%. No Brasil, a Receita fez uma tentativa cruzando os dados da CPMF em 1998 com o dinheiro que circulava na economia e, assim, descobriu que a sonegação ficava em torno de 29% – índice, deve-se dizer, que não pode ser tomado como dado preciso." A mesma reportagem revelou um estudo do Banco Mundial, onde foi estimado que 40% da renda brasileira seja resultado da economia informal.

— V —

A interceptação das comunicações telefônicas e dos sistemas de informática e telemática

Aureo Rogério Gil Braga

Sumário: 1. Introdução; 2. A abrangência e o conteúdo das interceptações: telefônica, informática e telemática; 3. A escuta ambiental e a interceptação ambiental; 4. Requisitos da Lei nº 9.296/96; 5. Vedações da Lei nº 9.296/96; 6. Do pedido; 7. Da efetivação das medidas; 8. Outras peculiaridades; 9. Aspecto Criminal; 10. Projeto legislativos.

1. Introdução

A nova Carta Política trouxe um valioso debate sobre a quebra do sigilo das comunicações telefônicas e dos sistemas de informática e telemática, aportando um acalorado debate acerca da correlação entre as garantias constitucionais voltadas ao resguardo da intimidade e da vida privada com o conceito e a amplitude destas ferramentas.

Neste desiderato, o art. 5º, incisos X e XII, que integram os direitos e garantias constitucionais, dão os contornos e lineamentos da correlação em questão, demonstrando que aquele direito à intimidade e à vida privada não é absoluto, mas deve ser relativizado para demonstrar que ditos meios de obtenção de provas têm uma sistemática e um regramento precisos.

Além do mais, num momento em que a transnacionalização do crime tem rompido com aquela visão de estado soberano e independente, as interceptações em análise são poderosos instrumentos à eficiência da persecução penal no combate à macrocriminalidade.

O propósito deste ensaio não é repassar toda a digressão existente sobre o tema, mas conduzi-lo sob o viés das correlações entre tais assuntos e os crimes contra a ordem tributária, pautando-o tanto pelo prisma probatório como com a especificidade deste ramo do direito penal. Noutro giro, considerando que as interceptações em tela comportam a natureza jurídica de medida cautelar, acresce o desenvolvimento desta temática junto aos demais institutos inscritos nesta obra.

2. A abrangência e o conteúdo das interceptações: telefônica, informática e telemática

Inicialmente, cabe distinguir entre as quebras dos sigilos das comunicações telefônicas e dos sistemas de informática e telemática.

2.1. Da primeira, a doutrina majoritária prefere classificar no gênero interceptação telefônica:

2.1.1. A escuta telefônica, onde a gravação do diálogo é obtida pelo terceiro e com o consentimento judicial e de um dos interlocutores, consistindo num meio cuja obtenção é lícita.

2.1.2. Sob outro enfoque, a interceptação telefônica *stricto sensu* seria aquela em que ambos os interlocutores não têm conhecimento da colheita da prova, pois sua obtenção tem o supedâneo judicial e origina-se do terceiro que toma conhecimento do fluxo de comunicação entre os interlocutores. Aliás, o legislador pátrio já adotara esta linha de entendimento, tanto assim que tipificou a violação da conversação telefônica entre outras pessoas (art. 151, § 1°, II e III, CP).

2.1.3. Na gravação clandestina[1] ou "arapongagem" os interlocutores tem acesso à comunicação telefônica sem a autorização judicial e o conhe-

[1] Agravo Regimental no Habeas Corpus n° 40089 / MG. Relator(a) Ministro FELIX FISCHER (1109). Órgão Julgador T5 – QUINTA TURMA. Data do Julgamento 28.06.2005. Data da Publicação/Fonte DJ 29.08.2005 p. 378. *Ementa*: PROCESSUAL PENAL. AGRAVO REGIMENTAL NO HABEAS CORPUS. ARTS 213 E 214 C/C ART. 224, A, E ART. 147, TODOS DO CÓDIGO PENAL. GRAVAÇÃO CLANDESTINA. DEGRAVAÇÃO. PROVA ILÍCITA. ORDEM CONCEDIDA PELO E. TRIBUNAL *A QUO* PARA DETERMINAR O DESENTRANHAMENTO DA REFERIDA PROVA. PRETENSÃO DE APLICAÇÃO DA TEORIA DOS FRUTOS DA ÁRVORE ENVENENADA. INDEPENDÊNCIA ENTRE AS PROVAS RECONHECIDA PELO E. TRIBUNAL *A QUO*. NECESSIDADE DE ACURADO EXAME DO MATERIAL COGNITIVO. IMPOSSIBILIDADE NA VIA ELEITA. Não há como acolher a pretensão do recorrente de aplicação da teoria dos frutos da árvore envenenada (*the fruits of the poisonous tree*), haja vista que o vergastado acórdão reconheceu a independência entre a prova tida como ilícita e as demais, razão pela qual entender de forma contrária demandaria o exame acurado do material cognitivo, o que, à toda evidência, se mostra inviável no âmbito restrito e expedito do *writ*. Recurso desprovido.

cimento do outro. Esta conduta, além de se amoldar à previsão legal ditada pelo delito do art. 10 da Lei 9.296/96, desvirtua a sua utilização como meio probante por se constituir em prova ilícita, na esteira da doutrina americana dos frutos da árvore venenosa[2] (*fruits of the poisonous tree*).

[2] RHC 90376/RJ. Relator(a): Min. Celso de Mello. Julgamento: 03.04.2007 Órgão Julgador: Segunda Turma. Publicação DJ 18.05.2007 p. 113. *Ementa*: PROVA PENAL – BANIMENTO CONSTITUCIONAL DAS PROVAS ILÍCITAS (CF, ART. 5º, LVI) – ILICITUDE (ORIGINÁRIA E POR DERIVAÇÃO) – INADMISSIBILDADE – BUSCA E APREENSÃO DE MATERIAIS E EQUIPAMENTOS REALIZADA, SEM MANDADO JUDICIAL, EM QUARTO DE HOTEL AINDA OCUPADO – IMPOSSIBLIDADE – QUALIFICAÇÃO JURÍDICA DESSE ESPAÇO PRIVADO (QUARTO DE HOTEL, DESDE QUE OCUPADO) COMO "CASA", PARA EFEITO DA TUTELA CONSTITUCIONAL DA INVIOLABILIDADE DOMICILIAR – GARANTIA QUE TRADUZ LIMITAÇÃO CONSTITUCIONAL AO PODER DO ESTADO EM TEMA DE PERSECUÇÃO PENAL, MESMO EM SUA FASE PRÉ-PROCESSUAL – CONCEITO DE "CASA" PARA EFEITO DA PROTEÇÃO CONSTITUCIONAL (CF, ART. 5º, XI E CP, ART. 150, § 4º, II) – AMPLITUDE DESSA NOÇÃO CONCEITUAL, QUE TAMBÉM COMPREENDE OS APOSENTOS DE HABITAÇÃO COLETIVA (COMO, POR EXEMPLO, OS QUARTOS DE HOTEL, PENSÃO, MOTEL E HOSPEDARIA, DESDE QUE OCUPADOS): NECESSIDADE, EM TAL HIPÓTESE, DE MANDADO JUDICIAL (CF, ART. 5º, XI). IMPOSSIBILIDADE DE UTILIZAÇÃO, PELO MINISTÉRIO PÚBLICO, DE PROVA OBTIDA COM TRANSGRESSÃO À GARANTIA DA INVIOLABILIDADE DOMICILIAR – PROVA ILÍCITA – INIDONEIDADE JURÍDICA – RECURSO ORDINÁRIO PROVIDO. BUSCA E APREENSÃO EM APOSENTOS OCUPADOS DE HABITAÇÃO COLETIVA (COMO QUARTOS DE HOTEL) – SUBSUNÇÃO DESSE ESPAÇO PRIVADO, DESDE QUE OCUPADO, AO CONCEITO DE "CASA" – CONSEQÜENTE NECESSIDADE, EM TAL HIPÓTESE, DE MANDADO JUDICIAL, RESSALVADAS AS EXCEÇÕES PREVISTAS NO PRÓPRIO TEXTO CONSTITUCIONAL. Do corpo deste acórdão: – Para os fins da proteção jurídica a que se refere o art. 5º, XI, da Constituição da República, o conceito normativo de "casa" revela-se abrangente e, por estender-se a qualquer aposento de habitação coletiva, desde que ocupado (CP, art. 150, § 4º, II), compreende, observada essa específica limitação espacial, os quartos de hotel. Doutrina. Precedentes. – Sem que ocorra qualquer das situações excepcionais taxativamente previstas no texto constitucional (art. 5º, XI), nenhum agente público poderá, contra a vontade de quem de direito ("invito domino"), ingressar, durante o dia, sem mandado judicial, em aposento ocupado de habitação coletiva, sob pena de a prova resultante dessa diligência de busca e apreensão reputar-se inadmissível, porque impregnada de ilicitude originária. Doutrina. Precedentes (STF). ILICITUDE DA PROVA – INADMISSIBILIDADE DE SUA PRODUÇÃO EM JUÍZO (OU PERANTE QUALQUER INSTÂNCIA DE PODER) – INIDONEIDADE JURÍDICA DA PROVA RESULTANTE DA TRANSGRESSÃO ESTATAL AO REGIME CONSTITUCIONAL DOS DIREITOS E GARANTIAS INDIVIDUAIS. – A ação persecutória do Estado, qualquer que seja a instância de poder perante a qual se instaure, para revestir-se de legitimidade, não pode apoiar-se em elementos probatórios ilicitamente obtidos, sob pena de ofensa à garantia constitucional do "due process of law", que tem, no dogma da inadmissibilidade das provas ilícitas, uma de suas mais expressivas projeções concretizadoras no plano do nosso sistema de direito positivo. – A Constituição da República, em norma revestida de conteúdo vedatório (CF, art. 5º, LVI), desautoriza, por incompatível com os postulados que regem uma sociedade fundada em bases de-

2.1.4. Por fim, resta a gravação da própria conversa telefônica, cujo ato em si não caracteriza um ilícito, mas a sua divulgação poderá ensejar a ilicitude, caso macule o direito à intimidade do interlocutor, de molde a tornar pública o que seria uma conversa privada.

2.2. A interceptação telefônica abarca tanto as linhas de telefonia fixa como celular, em ambas situações, a diligência não pode ser efetuada pessoalmente pela Autoridade Pública,[3] sendo aquela operacionalizada através de "serviços e técnicos especializados das concessionárias de serviço público" (art. 7º), enquanto esta pode se perfectibilizar pela Plataforma de Comutação Digital – BXS/20 – Guardião ou equipamento similar.

---

mocráticas (CF, art. 1º), qualquer prova cuja obtenção, pelo Poder Público, derive de transgressão a cláusulas de ordem constitucional, repelindo, por isso mesmo, quaisquer elementos probatórios que resultem de violação do direito material (ou, até mesmo, do direito processual), não prevalecendo, em conseqüência, no ordenamento normativo brasileiro, em matéria de atividade probatória, a fórmula autoritária do "male captum, bene retentum". Doutrina. Precedentes. A QUESTÃO DA DOUTRINA DOS FRUTOS DA ÁRVORE ENVENENADA ("FRUITS OF THE POISONOUS TREE"): A QUESTÃO DA ILICITUDE POR DERIVAÇÃO. – Ninguém pode ser investigado, denunciado ou condenado com base, unicamente, em provas ilícitas, quer se trate de ilicitude originária, quer se cuide de ilicitude por derivação. Qualquer novo dado probatório, ainda que produzido, de modo válido, em momento subseqüente, não pode apoiar-se, não pode ter fundamento causal nem derivar de prova comprometida pela mácula da ilicitude originária. – A exclusão da prova originariamente ilícita – ou daquela afetada pelo vício da ilicitude por derivação – representa um dos meios mais expressivos destinados a conferir efetividade à garantia do "due process of law" e a tornar mais intensa, pelo banimento da prova ilicitamente obtida, a tutela constitucional que preserva os direitos e prerrogativas que assistem a qualquer acusado em sede processual penal. Doutrina. Precedentes. – A doutrina da ilicitude por derivação (teoria dos "frutos da árvore envenenada") repudia, por constitucionalmente inadmissíveis, os meios probatórios, que, não obstante produzidos, validamente, em momento ulterior, acham-se afetados, no entanto, pelo vício (gravíssimo) da ilicitude originária, que a eles se transmite, contaminando-os, por efeito de repercussão causal. Hipótese em que os novos dados probatórios somente foram conhecidos, pelo Poder Público, em razão de anterior transgressão praticada, originariamente, pelos agentes da persecução penal, que desrespeitaram a garantia constitucional da inviolabilidade domiciliar. – Revelam-se inadmissíveis, desse modo, em decorrência da ilicitude por derivação, os elementos probatórios a que os órgãos da persecução penal somente tiveram acesso em razão da prova originariamente ilícita, obtida como resultado da transgressão, por agentes estatais, de direitos e garantias constitucionais e legais, cuja eficácia condicionante, no plano do ordenamento positivo brasileiro, traduz significativa limitação de ordem jurídica ao poder do Estado em face dos cidadãos. – Se, no entanto, o órgão da persecução penal demonstrar que obteve, legitimamente, novos elementos de informação a partir de uma fonte autônoma de prova – que não guarde qualquer relação de dependência nem decorra da prova originariamente ilícita, com esta não mantendo vinculação causal –, tais dados probatórios revelar-se-ão plenamente admissíveis, porque não contaminados pela mácula da ilicitude originária.
[3] Damásio, p. 470.

Nestes trabalhos voltados à telefonia celular, poder-se-á, ainda, cumular o pedido de interceptação telefônica com a identificação do "imei"[4] – *International Mobile Equipamente Indentity* – código numérico impresso numa etiqueta junto ao aparelho utilizado (normalmente próxima da bateria e vulgarmente, tido como o "chassi" do aparelho de telefonia celular), permitindo-se acompanhar os diálogos travados no mesmo aparelho, mas em outras linhas telefônicas pela substitutiva utilização de outros "chips".

Os torpedos encaminhados ou recebidos pelo serviço de *short message service* – SMS – estão incluídos na interceptação junto da telefonia celular, podendo ser colhidos em tempo real ou por perito junto do aparelho apreendido em decorrência do cumprimento de mandado de busca e apreensão. Similar atitude pode abarcar os dados telemáticos existentes em *Hds, palm*[5] e em *notebooks*, além das mensagens existentes na secretária eletrônica dos aparelhos de telefonia fixa.

Por fim, as comunicações concernentes aos modernos *pagers*, que utilizam a tecnologia *wireless* – transmissões de comunicações via ondas eletromagnéticas, e não sistemas de cabo, são também passíveis de colheita da troca de correspondência eletrônica entabulada, visto que a capacidade de enviar e receber e-mails está abarcada no gênero interceptação telemática. Tal não se confunde aos antigos equipamentos ("bips, mobiles", ...), cujo sistema de comunicação efetivava-se via rádio, para o qual, na acepção de Damásio de Jesus,[6] não haveria previsão legal (sigilo absoluto à intimidade).

A esta tecnologia – wireless – são aplicáveis as mesmas disposições relativas à localização do usuário junto ao provedor IP (*Internet*

---

[4] "http://pt.wikipedia.org/wiki/IMEI"É a abreviação de International Mobile Equipment Identity (Identificação Internacional de Equipamento Móvel), um número único para cada telefone celular, normalmente achado atrás da bateria. Outra forma de se obter o IMEI é digitar direto no aparelho o código: *#06# para obter o número IMEI sem precisar desligar o aparelho. Essas identificações dos celulares conectados a uma rede GSM são armazenados em um banco de dados (EIR – Registro de identidade de equipamentos) contendo todos os equipamentos móveis válidos. Quando é reportado um roubo de telefone ou não é aprovado, esse identificador é marcado como inválido. O número consiste de 4 grupos, que seguem o padrão: "nnnnnn--nn-nnnnnn-n".

[5] http://www.palmbrasil.com.br/conheca-palm/index.html: Mas o que é o Palm? Uma agenda eletrônica cara e sem teclado? Mais um joguinho? Nada disso. Os Palm são computadores de mão, ou assistentes pessoais digitais, que têm como funções básicas os programas para cadastro de endereços, controle de tarefas a fazer, agenda, bloco de anotações e e-mail.

[6] *Interceptação de comunicações telefônicas*. Notas à Lei 9.296/96, de 24.07.1996, in *Revista dos Tribunais* vol. 86. Editora Revista dos Tribunais: 1997, p. 465.

Crimes contra a Ordem Tributária – Medidas Acautelatórias

Protocol – identificador protocolado junto da concessionária telefônica, v. g., Brasil Telecom S.A., dados cadastrais, ...), pois somente o meio de transmissão de dados via *internet* é diverso, em vez de linha telefônica ou cabo tem-se a difusão da comunicação através da onda eletromagnética.

Diante dos avanços tecnológicos e do ritmo alucinante em que os objetos se tornam obsoletos, fala-se na utilização de uma terceira geração para os telefones celulares, cuja matéria veiculada em importante periódico gaúcho bem sintetiza o avanço tecnológico:[7]

Celular a toda velocidade. Os primeiros telefones celulares eram uns trambolhos. Do tamanho de um tijolo, os aparelhos tinham uma bateria tão grande que era preciso levá-la a tiracolo, como uma bolsa. Falar e deixar recados numa secretária eletrônica eram as duas únicas coisas que se podia fazer neles. Essa foi a primeira geração da telefonia móvel, ou 1G. Uma década e meia depois, o celular da segunda geração (2G) até é usado para falar. Mas a grande revolução trazida por esses aparelhos (a possibilidade de fazer e receber ligações em qualquer lugar) tornou-se apenas uma de suas múltiplas funcionalidades.

Na semana passada, o Brasil deu o primeiro passo rumo ao celular de terceira geração, ou 3G, com a publicação do edital para o leilão das faixas do espectro de radiofreqüência de 1,9 e 2,1 megahertz. A terceira geração do celular não chega a incorporar um grande número de novas funcionalidades. As mais importantes são a capacidade de realizar videoconferências, ver na tela do aparelho a pessoa com quem se está conversando e acessar o sinal de TV digital. O que a caracteriza, no entanto, é a velocidade e a qualidade de transmissão de dados. Tecnicamente, é considerado de terceira geração se transmite dados a 144 quilobits por segundo (kbps).

E é neste ponto que entra em cena uma evolução menos visível, mas que está na base de toda a transformação que esses aparelhos tiveram: a das tecnologias de compressão e transmissão de dados, representadas por siglas como TDMA, CDMA e GMS.

O TDMA não teve evolução, mas as outras duas resultaram em novos protocolos (WCDMA, EV-DO, GPRS, HSDPDA, EDGE, EV-DO), com velocidades de transmissão progressivamente maiores. Os celulares de terceira geração poderão transmitir nominalmente até 2 megabits por segundo (Mbps) embora a velocidade real deva ficar em torno de 1 Mbps.

Não há que se confundir a prova ilícita com o entorno circundante à prova emprestada, pois se as partes são as mesmas, e o contraditório e a ampla defesa foram observados nada impede a sua acolhida em processos criminais ou cíveis, ou até mesmo em procedimentos administrativos disciplinares[8] e sindicâncias. Questão diversa surge quando as partes são diferentes, caso em que "deve ser considerada em caráter

---

[7] Jornal Zero Hora. Caderno de Ciência, Tecnologia e Inovação. 29.10.07.

[8] AMS nº 2004.70.02.000361-0. TRF da 4ª Região. Rel. Min. Silvia Maria Gonçalves Goraieb. DJU 10/05/2006, p. 706.

adminicular (STF, HC72.295, Rel. Min. Octávio Gallotti, DJ 27.10.95, p. 36332, Ement. Vol. 01806-02, p. 251) e pode ensejar condenação quando não for a única prova colhida".[9]

Por fim, não tem havido óbice quanto à disponibilidade dos extratos de ligações,[10] indicadores de todos os dados cadastrais e ligações efetuadas pelo investigado, apenas, grassa certo dissídio doutrinário e jurisprudencial acerca da incidência dos termos da Lei 9.296/96. A corrente majoritária[11] tem respaldado a obtenção destas informações com base neste permissivo legal; a outra colaciona que "há uma necessária distinção ao princípio constitucional da reserva de jurisdição (CF, art. 5º, XII) de um lado, e o fornecimento dos dados (registros) telefônicos, de outro".[12]

2.2. No tocante à interceptação dos sistemas de informática e temática, insta aclarar o alcance desta definição em citação disposta no laborioso trabalho do Ministério Público de Santa Catarina, cujo aporte de diversas peças processuais enriquece o trabalho dos operadores de direito[13]: "A telemática é uma ciência que trata da manipulação de dados e informações, conjugando o computador, sistemas de informática, com os meios de comunicação, telefônicas ou não. Assim, qualquer comunicação feita através de sistema de informática é protegida pela lei; a título de exemplo, citamos as comunicações feitas na Internet".

Já a interceptação do fluxo dos sistemas de telemática e internet suscitou certo dissídio doutrinário e jurisprudencial ao início da edição do diploma legal em comento, pois a corrente capitaneada por Ada Pellegrini, Vicente Grego Filho e Nelson Nery Júnior sustentava que a possibilidade da interceptação estava adstrita à "comunicação de voz"; após, reordenaram os seus argumentos, para, na bem-apanhada lição de Luís Alberto Carlucci Coelho,[14] assimilar que: "A transferência de dados, via linha telefônica, como ocorre corriqueiramente hoje através dos e-mails, é mero meio ou forma, através da qual as pessoas se comuni-

---

[9] MACHADO, Agapito. Prova emprestada. Interceptação telefônica. Validade? Jus Navigandi, Teresina, ano 9, n. 620, 20.03.2005.

[10] GRECO FIHO, Vicente. *Interceptação telefônica*. Saraiva, São Paulo: 1996, p. 92.

[11] GRECO FIHO, Vicente. Idem, p. 6.

[12] AMS nº 2004.71.00.022811-2. TRF da 4ª Região. Rel. Des. Fed. Néfi Cordeiro. DJU 22.06.2005.

[13] ARAÚJO DE CASTRO, Carla Rodrigues. *Crimes de informática e seus aspectos processuais*. Rio de Janeiro: Lumen Juris, 2001. Texto transcrito do Manual de Atuação: Interceptação Telemática (disposto na página da web: www.mp.sc.gov.br).

[14] *Aspectos da lei de Interceptações Telefônicas*. Teresina: Jus Navigandi, ano 4, nº 42, jun. 2000.

Crimes contra a Ordem Tributária – Medidas Acautelatórias

cam. E o fazem através do uso do *modem*, empregando a linha telefônica, caracterizando-se, pois, uma comunicação telefônica, sigilo violável segundo nossa Carta".

O momento da interceptação telefônica e dos sistemas de informática e telemática é aquele voltado à fluência da transmissão das comunicações respectivas. Assim, a identificação de remetentes de e-mails ou da titularidade de telefones fixos ou celulares não se amolda no resguardo constitucional da intimidade e da vida privada, pois enquanto o número do telefone e os dados cadastrais do internauta podem ser obtidos por provocação ao provedor[15] com indicação do IP (*Internet Protocol* – identificador protocolado junto da concessionária telefônica, v. g., Brasil Telecom S.A.),[16] mediante provocação direta, o número dos telefones deve ser repassado diretamente ao Ministérios Público ou os demais agentes encarregados na elucidação de crimes,[17] nos seguintes termos:

> MANDADO DE SEGURANÇA. GARANTIA CONSTITUCIONAL. SIGILO TELEFÔNICO. PEDIDO DE INFORMAÇÃO. CADASTRO DE USUÁRIO DE OPERADORA DE TELEFONIA MÓVEL. DELEGACIA DE POLÍCIA FEDERAL. INQUÉRITO. DESNECESSIDADE DE AUTORIZAÇÃO JUDICIAL. DIREITO DE INTIMIDADE. NÃO-VIOLAÇÃO. DIREITO LÍQUIDO E CERTO. INEXISTÊNCIA.
>
> 1. Havendo inquérito policial regularmente instaurado e existindo necessidade de acesso a dados cadastrais de cliente de operadora de telefonia móvel, sem qualquer indagação quanto ao teor das conversas, tal pedido prescinde de autorização judicial.
>
> 2. Há uma necessária distinção entre a interceptação (escuta) das comunicações telefônicas, inteiramente submetida ao princípio constitucional da reserva de jurisdição (CF, art. 5º, XII) de um lado, e o fornecimento dos dados (registros) telefônicos, de outro.

---

[15] www.mp.sc.gov.br: "Com a interceptação, as mensagens do e-mail grampeado são recebidas on-line pelo receptor. Através do grampo, pode-se descobrir o IP do usuário, e conseqüentemente identificar a máquina utilizada para enviar os e-mails. Sabendo qual a máquina utilizada, há como realizar a leitura de seu disco rígido (HD), e desta maneira conhecer os textos e documentos contidos na máquina e que foram enviados e/ou recebidos por e-mail. Através dos provedores de Internet pode-se obter nos logs de acesso discado: o número do telefone utilizado para realizar a conexão; o tempo de conexão; data e hora de início e término da conexão; o IP (Internet protocol), instrumento para identificar a máquina utilizada. O armazenamento dos logs pelos provedores é de no mínimo 30 (trinta) dias, e em alguns casos chegam a até 5 (cinco) anos. Trata-se dos documentos enviados e recebidos pelo usuário. Por intermédio das informações cadastrais do usuário podem ser obtidos o nome do cliente, RG, CPF, endereço completo, telefones para contato e conta de e-mail. Para os serviços de banda larga oferecidos via tv a cabo, além dos dados cadastrais, pode ser fornecido apenas o IP utilizado. Em relação aos usuários dos serviços de banda larga ADSL, são obtidos apenas os dados cadastrais".

[16] Órgão especial do Tribunal de Justiça de Goiás. Denúncia nº 200500205463. Rel. Des. Floriano Gomes. DJ 14279, de 30/03/2006.

[17] AMS nº 2004.71.00.022811-2. TRF 4ª Região. Rel. Min. Néfi Cordeiro, DJU 22/06/2005, p. 999.

3. O art. 7º da Lei nº 9296/96 – regulamentadora do inciso XII, parte final, do art. 5º da Constituição Federal – determina poder, a autoridade policial, para os procedimentos de interceptação de que trata, requisitar serviços e técnicos especializados às concessionárias de serviço público. Se o ordenamento jurídico confere tal prerrogativa à autoridade policial, com muito mais razão, confere-a, também, em casos tais, onde pretenda-se, tão-somente informações acerca de dados cadastrais.

4. Não havendo violação ao direito de segredo das comunicações, inexiste direito líquido e certo a ser protegido, bem como não há qualquer ilegalidade ou abuso de poder por parte da autoridade apontada como coatora.

Em defesa dos valores a que foi alçado à Carta Política, o Ministério Público Federal ajuizou a percuciente Ação Civil Pública nº 2006.71.00.033295-7/RS e obteve a antecipação de tutela, dispondo:

> Trata-se de Ação Civil Pública em que o Ministério Público Federal em sede de antecipação de tutela, requer sejam as demandadas CELULAR CRT S/A (VIVO), BRASIL TELECOM CELULAR S/A, BRASIL TELECOM CELULAR S/A, TELET S/A (CLARO), TIM CELULAR S/A, GLOBAL VILLAGE TELECOM-GVT e AGÊNCIA NACIONAL DE TELECOMUNICAÇÕES-ANATEL compelidas a fornecer ao Ministério Público Federal, ao Ministério Público Estadual, à Polícia Federal, à Polícia Civil Estadual e à Autoridade Policial Judiciária Militar (responsável pela investigação dos crimes militares estaduais) os dados cadastrais, por eles requeridos ou requisitados, de usuários de qualquer modalidade de telefone celular ou fixo no âmbito do Estado do Rio Grande do Sul, desde que exista inquérito policial, inquérito civil ou outro procedimento administrativo investigativo instaurado. Requer, ainda, que a Anatel seja compelida a fiscalizar o cumprimento da medida liminar postulada.

No corpo desta inicial, são descritas recentes decisões dos Egrégios Tribunais Regionais Federais da 3ª e da 1ª Região, respectivamente:

> AGRAVO DE INSTRUMENTO. SIGILO DE DADOS. IDENTIFICAÇÃO DE USUÁRIOS DE TELEFONIA CELULAR. DISPONIBILIZAÇÃO DE DADOS AO MINISTÉRIO PÚBLICO. INSTRUÇÃO DE INQUÉRITOS CIVIS E CRIMINAIS. CONSTITUCIONALIDADE.
>
> 1. A Constituição Federal assegura a proteção à honra, à intimidade, à vida privada, bem como ao sigilo de dados, ex vi do art. 5º, X, XI. Referidos dispositivos tutelam a esfera íntima do indivíduo em suas relações sociais e pessoais, como também os dados e informações sensíveis da pessoa.
>
> 2. Os valores constitucionalmente tutelados não apresentam natureza absoluta, devendo ceder em casos e situações em que a lei prevê, ou quando o próprio titular do bem jurídico protegido o divulga ou renuncia à proteção possibilitada pelo ordenamento.
>
> 3. Os dados relativos à identificação do usuário de aparelho celular referem-se tão-somente à sua identificação e endereço, não sendo, portanto, dados sensíveis do indivíduo, aos quais se possa impor a obrigação de sigilo por parte da prestadora em face de requisição formulada pelo Parquet, e, em especial, quando a conduta imputada ao usuário do aparelho estiver sendo objeto de apuração em inquérito civil ou criminal.
>
> 4. A Constituição Federal atribui ao Ministério Público a função de zelar pela "defesa da ordem jurídica, do regime democrático e dos interesses sociais e individuais indisponí-

veis". Concomitantemente às diversas atribuições, o art. 26, § 2º, da Lei nº 8.625/93 prevê a responsabilização por eventual uso indevido das informações a que tem acesso.

5. Legitimidade da requisição pelo Ministério Público de documentos necessários à instrução de inquéritos e demais procedimentos de sua competência. Precedentes jurisprudenciais. (AG 146690, Processo 200203000031532-SP, Sexta Turma, Relator Juiz Mairan Maia, DJU 13/06/2003).

Do mesmo entendimento é a decisão colegiada da 1ª Região:

CONSTITUCIONAL. MINISTÉRIO PÚBLICO FEDERAL. REQUISIÇÃO DE INFORMAÇÕES E DOCUMENTOS. LEI COMPLEMENTAR N. 75/93, ART. 8º. SIGILO DE DADOS. POSSIBILIDADE

1. A Lei Complementar n. 75/93 possibilita ao Ministério Público a requisição de informações, tanto de pessoas jurídicas de direito público, quanto de direito privado (art. 8º, II e IV), desde que necessárias para a investigação de irregularidades no âmbito da Administração Pública, devendo, contudo, tais informações ficar restritas ao procedimento investigatório.

2. Inexistência, assim, de ilegalidade de ato de Procurador da República que, no exercício de regular atividade de investigação, requisita informações relativas a contratos firmados pela impetrante, até porque tais contratos não se encontram sob sigilo, não se equiparando as seguradoras a instituições bancárias.

3. Sentença denegatória da segurança, que se confirma.

4. Apelação desprovida. (TRF-1ª Região, AMS 200134000309562-DF, Sexta Turma, Relator Des. Fed. Daniel Paes Ribeiro, DJU 31/5/2004).

Nos casos das interceptações aqui abordadas com um dos elos sediados em jurisdição estrangeira, v. g., as mensagens originárias de hotmail (Microsoft – EUA), existe viabilidade na obtenção destes dados, muito embora o caminho seja mais longo. Pois, obtida a autorização judicial de quebra do sigilo telemático no Brasil, haver-se-á de enviar cópia da decisão juntamente com um pedido de requerimento de cooperação para o Departamento de Recuperação de Ativos e Cooperação Internacional do Ministério da Justiça, o qual enviará diretamente o pedido aos EUA através de um tratado de cooperação judicial (MLAT – Mutual Legal Assistence Treaty).

O pedido de cooperação, englobando um relato dos fatos que levaram ao pedido da quebra e os termos da decisão, deverá estar integralmente traduzido para o inglês, não sendo necessária a tradução juramentada. Exige-se, porém, uma criteriosa valoração na escolha da interceptação telemática cujo provedor esteja sediado em outro país, pois, ainda que os trabalhos se voltem à detecção de patrimônio alocado em contas numeradas e/ou tituladas em *Off-shores* de paraísos fiscais,[18] as dificuldades e a série de órgãos e instituições envolvidas exigem uma valoração criteriosa quanto à necessidade.

Outrossim, não existe qualquer dúvida acerca destes meios probatórios lícitos de obtenção do fluxo de comunicações serem suficientes a embasar uma sentença condenatória e mesmo absolutória.

3. A escuta ambiental e a interceptação ambiental

A Lei 10.217/01 veio a dar nova redação à Lei 9.034/95, acrescendo-lhe o inciso IV do art. 2°, respeitante à possibilidade de "captação e a interceptação ambiental de sinais eletromagnéticos, óticos ou acústicos, e o seu registro e análise, mediante circunstanciada autorização judicial".

O gênero interceptação ambiental compreende a modalidade específica, ou seja, um terceiro captando a conversa entre os presentes e sem o consentimento destes. Meio de prova legítimo, que pode ser deferido por juízes diversos e promovido pelo Ministério Público, nos exatos limites dispostos abaixo:[19]

> O fato de terem sido pedidos de escutas telefônicas e ambientais deferidos por magistrada de vara diversa da processante não macula o feito na medida em que aquela não era competente para julgar o crime que foi apurado, somente se tendo ciência de que se tratava de delito de roubo em vista do conteúdo das gravações efetuadas. Ademais, gravações telefônicas e ambientais autorizadas na fase investigativa não tornam prevento o juízo [...]
>
> O Ministério Público tem legitimidade, nos termos do artigo 129, da Constituição Federal, da Lei Complementar nº 75/90, e da Lei nº 8625/93, mediante autorização judicial e observância aos ditames das Leis nºs 9034/95 e 9296/96, promover a captação telefônica e ambiental de conversas e declarações de investigados [...]
>
> Gravações telefônicas e ambientais são meios idôneos de prova quando observados os ditames legais e autorizadas judicialmente como no caso em testilha.

Por outro lado, a escuta ambiental compreenderia a captação da conversa pelo terceiro, sendo que o fato não é do conhecimento de todos,[20] *in verbis*:

---

[18] BRAGA, Aureo Rogério Gil. "O seqüestro de bens e a hipoteca legal no âmbito dos crimes contra a ordem tributária". *Revista do Ministério Público do Rio Grande do Sul* 51 (2003): p. 219.

[19] Apelação-Crime n° 70008659617, 8ª CC, Rel. Min. Roque Miguel Fank, 01.10.04.

[20] Apelação-Crime n° 70006304414, 8ª CC, Rel. Min. Tupinambá Pinto de Azevedo, 05.11.03. Apelação-Crime n° 70006024830, 8ª CC, Rel. Min. Tupinambá Pinto de Azevedo, 05.11.03

> APELAÇÃO. AUTORIZAÇÃO JUDICIAL. ESCUTA MBIENTAL. VALIDADE. Havendo autorização judicial para escuta ambiental, não há que se falar em ilegalidade da prova colhida. Depoimento do acusado prestado à autoridade policial no qual narra detalhadamente os fatos criminosos.

De resto, a gravação ambiental diz respeito à captação do diálogo por um dos interlocutores. Um dos possíveis exemplos clássicos a serem citados corresponde à discussão sobre a gravação ambiental envolvendo o caso da "violação do painel do Senado", cuja conversa entre o então Senador Antônio Carlos Magalhães e o Procurador da República Luiz Francisco de Souza fora obtida por meio de um gravador.[21]

Importante repositório doutrinário é o trazido por Fernando Capez:[22] "A interceptação e gravação ambiental não constituem objeto da Lei nº 9.296/96. Interceptação ambiental é a captação da conversa entre dois ou mais interlocutores por um terceiro que esteja no mesmo local ou ambiente em que se desenvolve o colóquio. Escuta ambiental é essa mesma captação feita com o consentimento de um ou alguns interlocutores. A gravação é feita pelo próprio interlocutor. Se a conversa não era reservada, nem proibida a captação por meio de gravador, por exemplo, nenhum problema haverá para aquela prova. Em contrapartida, se a conversação ou palestra era reservada, sua gravação, interceptação ou escuta constituirá prova ilícita, por ofensa ao direito à intimidade (CF, art. 5º, X), devendo ser aceita ou não de acordo com a proporcionalidade dos valores que se colocarem em questão. No caso de investigação de crime praticado por organizações criminosas (quadrilha ou bando, associação criminosa e organizações criminosas de qualquer tipo), desde que haja prévia, fundamentada e detalhada ordem escrita da autoridade judicial competente, toda e qualquer gravação e interceptação ambiental que estiver acobertada pela autorização constituirá prova válida, de acordo com a permissão legal contida no artigo. 2º, IV, da Lei nº 9.034/95".

4. Requisitos da Lei nº 9.296/96

Ditas interceptações estão condicionadas ao crivo judicial, sob a dupla exigência da demonstração da sua necessidade e da indicação dos meios a serem empregados, além dos requisitos abaixo.

---

[21] Folha de São Paulo, em 3/08/01.

[22] *Curso de direito penal*, volume 4: legislação penal especial. São Paulo: Saraiva, 2006.

Inicialmente, deve ser requerida pelas autoridades policial ou militar, o Ministério Público ou o querelante.[23] Aquelas na investigação policial, e a estes na investigação e na instrução processual. Gize-se, porém que o termo *investigação policial* não exige a instauração de inquérito policial, mas tão somente, "que a necessidade de sua realização para a apuração de infração penal seja demonstrada, em consonância com os indícios de autoria ou participação no ilícito e desde que a prova não possa ser feita por outros meios disponíveis".[24] Aliás, as próprias Comissões Parlamentares de Inquéritos[25] têm propiciado material apto a fundamentar as interceptações destes fluxos de comunicações. Além do mais, a ordem judicial deve ser prévia, e não meramente homologatória de eventual escuta em curso (a qual seria ilícita e passível de sanção penal), bem como deve atentar ao segredo de justiça.

Ademais, o pleito deverá ser endereçado ao juiz competente, caracterizado como o investido da jurisdição para instruir e julgar o crime a ser apurado; entretanto, o deferimento da captação de comunicação por juízo diverso pode ser convalidado por aquele, na esteira do art. 563 do CPP, e mais a acolhida na fase investigativa não torna prevento o juiz.[26]

Exige-se, ainda, que a sua formulação ocorra em petição escrita ou verbal, hipótese esta excepcional que exige de pronto os seus pressupostos, a ser reduzida a termo perante o juiz competente.

---

[23] *Apud* Damásio, p. 467.

[24] HC 20087/SP. 5ª Turma do STJ. Rel. Min. Gilson Dipp. DJ 29.09.2003.

[25] HC 83515/RS. Relator(a): Min. Nelson Jobim. Julgamento: 16.09.2004 Órgão Julgador: Tribunal Pleno. Publicação DJ 04-03-2005. *Ementa*: *HABEAS CORPUS*. INTERCEPTAÇÃO TELEFÔNICA. PRAZO DE VALIDADE. ALEGAÇÃO DE EXISTÊNCIA DE OUTRO MEIO DE INVESTIGAÇÃO. FALTA DE TRANSCRIÇÃO DE CONVERSAS INTERCEPTADAS NOS RELATÓRIOS APRESENTADOS AO JUIZ. AUSÊNCIA DE CIÊNCIA DO MINISTÉRIO PÚBLICO ACERCA DOS PEDIDOS DE PRORROGAÇÃO. APURAÇÃO DE CRIME PUNIDO COM PENA DE DETENÇÃO. 2. A interceptação telefônica foi decretada após longa e minuciosa apuração dos fatos por CPI estadual, na qual houve coleta de documentos, oitiva de testemunhas e audiências, além do procedimento investigatório normal da polícia. Ademais, a interceptação telefônica é perfeitamente viável sempre que somente por meio dela se puder investigar determinados fatos ou circunstâncias que envolverem os denunciados. 3. Para fundamentar o pedido de interceptação, a lei apenas exige relatório circunstanciado da polícia com a explicação das conversas e da necessidade da continuação das investigações. Não é exigida a transcrição total dessas conversas o que, em alguns casos, poderia prejudicar a celeridade da investigação e a obtenção das provas necessárias (art. 6º, § 2º, da L. 9.296/96). *Habeas corpus* indeferido.

[26] ACR nº 70008659617. 8ª CC do TJRS, Rel. Des. Roque Miguel Fank, 01.10.2004.

5. Vedações da Lei n° 9.296/96

O art. 2° elenca três vedações à quebra dos sigilos em análise.

Requer-se a existência de indícios razoáveis de autoria e de participação em infração penal. Ou seja, qualquer incursão no concurso de agentes (autor, co-autor, partícipe, instigador ou indutor) amolda-se à primeira exigência legal.

Exige-se a demostração de que a prova é excepcionalíssima e não pode ser obtida por outros meios disponíveis.

Num primeiro momento, o fato criminoso perseguido deve ter a reprimenda penal correlata à reclusão, refugindo aos crimes cuja sanção penal alcance a detenção, a prisão simples e a multa. Não obstante, tanto em caso de concurso de crimes como em delito apenado com detenção, a jurisprudência tem reconhecido a legalidade na utilização específica ou simultânea do meio probante.[27]

Ademais, muito embora o *caput* do artigo descreva a infração penal (terminologicamente, reconhecida pelo crime e a contravenção), na prática esta não é alcançada, pois tem a sanção penal adstrita à prisão simples.

A degravação das conversas telefônicas dar-se-á ao final da interceptação (§§ 1° e 2° do art. 6° da Lei 9.296/96), "pois o que importa, para a renovação, é que o juiz tenha conhecimento do que está sendo investigado ... A lei exige que seja feita a transcrição das gravações ao final da escuta, a fim de que o conteúdo das conversas seja juntado ao processo criminal".[28]

Por outro lado, a demora na degravação de interceptação telefônica não atribuível às partes e seus advogados tem firmado o reconhecimento do constrangimento ilegal pelo retardo na formação da culpa.[29]

Importa destacar a ausência de previsão legal quanto à necessidade da realização de perícia para aferir a autoria dos diálogos:[30] "Inicialmente, observo que as interceptações foram autorizadas judicialmente, nos moldes da Lei n° 9296/96, não havendo, pois, que se falar em prova ilícita. A alegação de que poderia a prova ser produzida por outros meios, o que seria óbice à referida autorização, não pode ser apreciada

---

[27] HC 83.515-5/RS. Tribunal Pleno do STF. Rel. Min. Nelson Jobim. 16/09/2004. RHC 13274/RS. 5ª Turma do STJ. Rel. Min. Gilson Dipp. DJ 29.09.2003.

[28] RHC 13274/RS. 5ª Turma do STJ. Min. Rel. Gilson Dipp. DJ 29.09.2003, p. 276.

[29] HC 37342/RJ. 5ª Turma do STJ. Rel. Min. Gilson Dipp. DJ 27.06.2005, p. 419.

[30] HC 15820/DF 5ª Turma do STJ. Rel. Min. Felix Fischer. DJ 04.02.2002, p. 430.

nesta sede, uma vez que demandaria o exame minucioso do material cognitivo constante nos autos, inclusive através de vedados cotejos."

Ademais, pelo que percebe do processado, se outras provas havia, apenas após a colheita do material proveniente da interceptação foram estas conhecidas. Não incide, assim, no caso, a restrição contida no artigo 2º, II, da Lei nº 9296/96.

Por outro lado, não há, no referido diploma legal, a exigência de que a degravação da escuta deva ser submetida à perícia, bastando *in casu*, pois não sucitada em momento próprio, dúvida acerca dos interlocutores, a simples transcrição. Mesmo porque, via de regra, esta é meramente "procrastinatória e odiosa",[31] e não é a única.

Além disso, a transcrição das comunicações telefônicas "não exige habilidade técnica especial",[32] podendo "ser apenas parcial e estar acompanhada de comentários elaborados pela autoridade policial, pois qualquer dúvida quanto à fidedignidade da transcrição ou à pertinência dos comentários pode ser imediatamente verificada pelo juízo ou por qualquer das partes mediante acesso aos discos (CD´s ou DVD's) que contém a integralidade das conversações gravadas".[33]

6. Do pedido

Deduzida a pretensão, o juiz terá 24 horas para decidir e dar os seus fundamentos (art. 5º da lei 9296/96), aliás a lei fala na viabilidade do juiz autorizar ou não a gravação, assim, poderá, tão-somente, autorizar o acompanhamento dos diálogos; deferindo-o, a diligência não poderá exceder o prazo de 15 dias, sendo prorrogável por igual período, desde que justificada a indispensabilidade da prova.

Ao início da vigência da lei, muito se discutiu acerca da renovação das interceptações além do período de 30 dias. Hoje a jurisprudência é pacífica para conhecer a viabilidade de renovação, observada, logicamente, a necessidade e os requisitos pertinentes, posto que: "o fato é complexo a exigir investigação diferenciada e contínua.[34]

---

[31] Apelação-Crime nº 70008659617, 8ª CC, Rel. Min. Roque Miguel Fank, 01.10.04.

[32] ACR 2002.71.04.011749. TRF – 4ª Região. 7ª Turma. Rel. Desa. Fed. Maria de Fátima Freitas Labarrère, 13.04.2004, p. 1477.

[33] HC 2003.04.01.028919-8. TRF – 4ª Região. Turma especial. Rel. Des. Fed. João Surreaux Chagas, DJU 13.08.2003, p. 144.

[34] HC 83.515-5/RS. Tribunal Pleno do STF. Rel. Min. Nelson Jobim. 16.09.2004.

Outra situação que pode contribuir para o completo esclarecimento dos crimes investigados, corresponde à dedução de pedido específico para as empresas de telefonia fixa e de celular fornecerem outros números em nome dos investigados. Esta informação poderá ser de extrema utilidade porque os investigados podem não utilizar o número do telefone localizado – na gíria policial: "número afundado" –, mas em decorrência deste informe das operadoras, facultar-se-á postular nova interceptação.

De igual sorte, para o sucesso da interceptação, exige-se o conhecimento do número da linha telefônica fixa ou de celular e, ainda, o prefixo da cidade respectiva, caso contrário, não haverá o direcionamento específico. Tal situação, logicamente, aplica-se à precisa identificação dos provedores no caso da internet e e-mails.

Viabiliza-se a cumulação das interceptações telefônica, informática e telemática entre si e com as quebras dos sigilos bancário e fiscal, dado que a busca de informações busca rastrear bens, a movimentação financeira e os indicativos da base fiscal.

7. Da efetivação das medidas

Deferido o pedido de interceptação em suas várias modalidades, o ofício da autoridade judicial com cópia da decisão respectiva deverá ser encaminhado à autoridade com acesso ao aparato disponibilizador da localização e desvio das comunicações (sistema guardião ou afim). De pronto, o requerente da medida deverá indicar o número do aparelho para o áudio e desvio das comunicações e a pessoa responsável pelo manuseio e acompanhamento da operação "x", obtendo em tempo real o acompanhamento das comunicações interceptadas. Estas medidas são importantíssimas porque podem dar o tempo ideal para medidas conexas, v.g, busca e apreensão e o momento de estancar a ação prolongada.

Outrossim, no caso da determinação judicial voltada à interceptação telemática, far-se-á necessária a remessa de ofício do juiz com cópia da decisão, arrolando a caixa postal respectiva e o e-mail para o qual será efetivado o desvio, podendo ser cumulado com a indicação de outros endereços utilizados por aquele titular para novo pedido de interceptação.

8. Outras peculiaridades

Destacável meio de prova, os diálogos mais convincentes à elucidação do crime vinculados às interceptações telefônicas ou dos sistemas de informática e telemática podem ser parte integrante da denúncia, haja vista ser um dos elos da prova acusatória da qual o acusado deverá refutar ou confirmá-los.

No mais, na linha dos crimes contra a ordem tributária, os diálogos travados nas interceptações poderão constituir um importante subsídio à quantificação da sonegação de tributo praticada, via auditoria fiscal ou medida concernente a desencadear a lavratura do termo de infração no trânsito ou auto de lançamento.

Em outro aspecto, pode ser um importante elo de ligação à caracterização de crimes de corrupção e quadrilha junto da macrocriminalidade e, no raio de ação dos crimes fiscais, carreando elementos à perfectibilização de medidas cautelares correlatas, tais como a prisão preventiva e o seqüestro de bens.

A questão recursal exige, certamente, uma interpretação teleológica, e não a visão literal da processualística penal, pois se o deferimento da interceptação vem ao conhecimento do investigado e este achar plausível o exercício do *habeas corpus* não há qualquer óbice ao questionamento acerca da justa causa da medida assecuratória postulada, muito embora na prática a prova almejada "cairá por terra". Entrementes, no caso do indeferimento da medida, resta impossível antever a apelação como o meio próprio, pois de que valeria a interceptação da comunicação com a ciência do investigado e agora apelante.

Em reforço a esta argumentação, vale dizer que a lacuna legal faz parte da inquietação legislativa, pois o Projeto de Lei do Senado nº 276/06 busca criar recurso em sentido estrito contra "decisão do juiz que nega requerimentos de busca e apreensão, de interceptação telefônica ou de medida assecuratória".

De resto, questão inquietante ronda a utilização ostensiva de aparelhos celulares pelos apenados de dentro dos presídios, na maioria das vezes para praticar outros delitos, edificando mostruosas organizações criminosas – v.g., "PCC – Primeiro Comando da Capital", exigindo-se a utilização de bloqueadores destes aparelhos e instrumentos afins.

9. Aspecto criminal

Como já referido anteriormente, o Código Penal tipificou a violação da conversação telefônica entre outras pessoas (art. 151, § 1º, II e III, CP), ao lado deste antecedente, existia a previsão do art. 56 do Código Brasileitro de Telecomunicações.

Crimes contra a Ordem Tributária – Medidas Acautelatórias

Não obstante, com a edição da Lei 9.296/96, o art. 10 revogou esta norma incriminada e veio a dar um alargamento àquela previsão penal, convolando dois delitos. O primeiro, inerente à utilização, transmissão ou divulgação de conversação entre outras pessoas e sem o crivo judicial pela realização de interceptação de comunicações telefônicas, de informática ou telemática ou o seu implemento pelo mando judicial, porém, com desvirtuamento da finalidade. Qual seja, a captação do fluxo de comunicações não está voltada a agregar elementos à caracterização de um crime ou o possível concurso, como exemplo, poder-se-ia citar a obtenção judicial destes instrumentos para o compartilhamento probante em uma ação cível.

Dessa espécie criminosa, leciona Vicente Grego Filho:[35] "Como se disse no início deste estudo, a interceptação é a violação feita por terceiro em face de dois interlocutores, não se aplicando, pois, à conduta unilateral de um deles. O crime consuma-se com o ato de interceptar, ou seja, intervir, imiscuir-se, ingressar em, independentemente de a conversa vir a ser gravada. Em tese, admite-se a tentativa.

Não se trata de crime próprio. Qualquer pessoa pode cometê-lo".

Ao abrigar crimes próprios houve, ainda, mais um redimensionamento da tipificação penal disposta no comando legal anterior, quais sejam: agora, incide a reprimenda penal às pessoas que quebrarem o segredo da justiça, sem autorização judicial ou com objetivos não autorizados em lei.

Do mesmo doutrinador referido,[36] é a abordagem: "O segundo crime previsto no art. 10 consiste em quebrar o segredo da Justiça. Trata-se, por interpretação sistemática, de quebra do segredo instituído pela própria lei, ou seja, o relativo ao procedimento de interceptação telefônica, não se referindo aos demais casos de segredo de Justiça que podem ocorrer no processo penal e no processo civil. Para estes, a violação mantém-se regida pelo crime do art. 325 do Código Penal".

Estes sujeitos ativos específicos serão as pessoas encarregadas e envolvidas com os procedimentos, isto é: membros do Ministério Público e do Judiciário, autoridades policiais civis e militares e pessoas com participação na captação das comunicações, advogados, serventuários da justiça, técnicos de concessionárias de serviço público, ... Sobre ambos os delitos incide a pena de reclusão de dois a quatro anos e multa.

---

[35] *Interceptação telefônica: (considerações sobre a lei nº 9296/96).* 2. ed. São Paulo: Saraiva, 2005, p. 63.
[36] Idem, p. 67.

10. Projeto legislativos

Além do nominado Projeto de Lei do Senado n° 276/00, dentre outros, são dignos de nota:

O Projeto de Lei do Senado nº 230/2006 "para que seja disciplinada a interceptação de comunicações de qualquer natureza".

O Projeto de Lei do Senado nº 492/2003 que define o prazo de três anos à conservação dos dados de ligações telefônicas.

O Projeto de Lei do Senado nº 44/2005 que, em síntese, repete o conteúdo do Projeto de Lei do Senado 492/2003 e inova ao retirar o limite de prazo para diligência de interceptação telefônica.

— VI —

QUEBRA DE SIGILO FISCAL

Renato Vinhas Velasques

Sumário: 1. Intróito; 2. O poder de fiscalização do Estado e o sigilo fiscal; 3. Orientação pretoriana quanto à manutenção do sigilo fiscal e hipóteses de seu rompimento; 4. Exceções ao sigilo fiscal; 4.1. Requisição judicial; 4.2. Cooperação mútua na fiscalização; 4.3. Representações fiscais; 4.4. Comissão parlamentar de inquérito e Ministério Público; 5. Peculiaridades finais acerca do tema.

1. Intróito

O dever de pagar o tributo tem origem histórica. Há notícias desta exigência desde as primeiras organizações estatais, em que os tributos eram recolhidos em conformidade com a vontade dos soberanos e a seu mero arbítrio, sem garantias imagináveis ao indivíduo[1] dos dias atuais. Conta-se que, na Escócia, o nari daqueles que não entregavam os impostos era cortado a mando do soberano.[2]

No Brasil, algumas revoltas foram precedidas e influenciadas pela questão tributária. A título ilustrativo,[3] no RS, no século XIX, ocorreu a Revolta Farroupilha contra o governo imperial que, devido aos problemas econômicos dos estancieiros, teve como algumas de suas causas a

---

[1] Conforme informa Geraldo Ataliba: "Antigamente, quando não se podia falar em estado de direito, o político usava do poder para obrigar arbitrariamente os súditos a concorrerem com seus recursos para o estado (por isso Albert Hensel sublinha que só se pode falar em 'direito' tributário onde haja Constituição e estado de direito. Fora disso, é o arbítrio, o despotismo)". *Hipótese de Incidência Tributária*. São Paulo: Malheiros, 2005, p. 29.

[2] TEIXEIRA, Eduardo Didonet; MARTIN Haeberlin. *A Proteção da Privacidade*, Porto Alegre: Sergio Antonio Fabris Editor, 2005, p. 100.

[3] COTRIM, Gilberto. *História do Brasil*, São Paulo: Saraiva, 2001, p. 10 e 42.

Crimes contra a Ordem Tributária – Medidas Acautelatórias

intenção destes de eliminarem ou reduzirem os impostos sobre o gado na fronteira com o Uruguai, propiciando a livre circulação de seus rebanhos nos dois países. O mesmo ocorreu quanto ao charque, produto vendido para outras províncias brasileiras, diante da pretensão de aumentar o tributo na importação da Argentina e do Uruguai, já que os Gaúchos estavam perdendo a concorrência para estes países, devido ao baixo imposto. Da mesma forma, a Inconfidência Mineira surgiu, no século XVIII, após os portugueses anunciarem a *derrama* na região do ouro, em Minas Gerais, isto é, uma cobrança forçada de impostos, objetivando compensar a queda na produção do ouro.

No Estado pretérito, o tributo era rejeitado por entenderem os contribuintes fosse a obrigação retirada de valores para a qual ele nada tinha feito por merecer. Quanto menos culto e mais ignorante o povo, tanto mais a *teoria da participação indevida*, com conotações confiscatórias, era tida por verdadeira. No Estado moderno, com a concepção mais lata das necessidades públicas, a imprescindibilidade do tributo não é rejeitada pelo povo, mas apenas a densidade de sua exigência, em uma reformulação da *teoria da participação indevida pela teoria da participação desmedida*.[4]

Hoje, em nosso país, ainda percebem-se aspectos críticos envolvendo o assunto: a) a escolha da política tributária de desenvolvimento, algumas vezes, privilegia determinados contribuintes em prejuízo de outros; b) o entendimento de que a tributação incidente é excessiva, cabendo uma diminuição do *peso do tributo*;[5] c) há necessidade de um fortalecimento da fiscalização tributária, com o fim de proteger o erário e a empresa nacional contra as operações sonegadas e os produtos piratas, bem como a salutar concorrência entre os que atuam no mesmo segmento da economia (tutelar o *mercado*).

A sonegação fiscal é uma praga praticada tanto pela economia formal, pessoa física ou jurídica estabelecida licitamente, quanto pela chamada economia informal. Em ambas, pode ser encontrada a organização criminosa. Na primeira, o esquema criminoso é voltado exclusivamente para a evasão de tributos. Na segunda, a ânsia do lucro ocorre, muitas vezes, pela falsificação de produtos legalmente produzidos por terceiros e a sonegação dos impostos.

Enfim, ainda não se encontrou uma outra melhor forma de obter a paz social senão pelo cumprimento das leis do Estado. E para ter-se um

---

[4] MARTINS, Ives Gandra da Silva. *Da Sanção Tributária*, São Paulo: Saraiva, 1998, p. 51.
[5] Verifica-se, de outro lado, que alguns defensores da diminuição do percentual de tributação são incapazes de repassar a redução do benefício ao consumidor.

país desenvolvido é preciso que o Estado tenha recursos financeiros e, obviamente, isso passa pela existência do tributo pago, garantidor das suas despesas e estimulador/auxiliar do crescimento do setor privado. Não se pode esquecer que, como diz Rawls,[6] *a cooperação social sempre existe em benefício mútuo.* A polêmica, ainda nos dias de hoje, é saber quanto e quem deve cooperar para a concretização do orçamento público e, aí, surgem as influências dos poderes político e econômico, muitas vezes estreitamente vinculados.

Neste contexto, é percuciente observar que a solução de conflitos de interesses pelos Tribunais revela que, pretorianamente, também se vai construindo política econômica, tendo em vista que a orientação, por vezes, se destina à consecução de um dado objetivo econômico, com o que cai por terra o entendimento segundo o qual se trata de domínio reservado ao Poder Executivo.[7]

O Estado, com a finalidade de preservar os interesses coletivos, desenvolve árdua atividade financeira – receita pública, gestão administrativa e despesa pública.[8] Tudo isso tendo em vista o recurso público – o tributo –, cuja relação com o contribuinte está sob o abrigo do sigilo fiscal.

2. O poder de fiscalização do Estado e o sigilo fiscal

Os Membros do Ministério Público e os Agentes da Administração Tributária, respectivamente, no enfrentamento ao crime tributário e à infração tributária, têm o dever de atuar conforme a Constituição Federal e a legislação estabelecida, não sendo obstáculos para o seu agir questionar se o tributo sonegado é excessivo ou se a persecução penal ou autuação fiscal vai desagradar ou atingir pessoas de um certo segmento produtivo ou de uma classe social abastada.

Sutherland[9] foi quem primeiro, na Criminologia, fez referência ao *white collar crime* – crime do colarinho branco –, isto é, a infração come-

---

[6] RAWLS, John. *O Liberalismo Político*, São Paulo: Ática, 1993, p. 354.

[7] CAMARGO, Ricardo Antônio Lucas. *Direito Econômico Aplicação e Eficácia*, Porto Alegre: Sergio Antonio Fabris Editor, 2001, p. 483.

[8] Para ter-se noção da carência de arrecadação tributária e os seus nefastos efeitos para a sociedade, basta ver o publicado no Jornal O Sul, de 10 de maio de 2006, p. 7, onde o Governo do Estado do RS reconheceu que não tem condições financeiras para pagar sequer os débitos de precatórios – cerca de 2,7 bilhões de reais.

[9] CASTILHO, Ela Wiecko de. *O Controle Penal nos Crimes contra o Sistema Financeiro Nacional*, Belo Horizonte: Del Rey, 1998, p. 62.

tida por pessoas de respeitabilidade e *status* elevado no exercício de sua atividade profissional. E Versele[10] advertiu que, além da cifra negra de delinqüentes que escapam a toda investigação oficial, existe uma cifra dourada de delinqüentes que têm o poder político e o exercem impunemente, abandonando os cidadãos e a coletividade à exploração da oligarquia, ou dispõe de um poder econômico que se desenvolve em detrimento do conjunto da sociedade.

O famoso caso do gangster Al Capone,[11] em 1931, nos Estados Unidos, ao tempo da "Lei Seca", também ressalta a importância da função de fiscalização estatal e dá a dimensão de que nem sempre é possível atingir o criminoso pela fiscalização da atividade ilícita inicialmente averiguada, mas pelo exame de outra infração penal: a fiscal.

Os objetivos do legislador penal e do legislador tributário são os mesmos, pois ambos procuram restringir a liberdade de ação do indivíduo em defesa do bem público, dos interesses superiores de índole moral.[12]

No tocante à distinção entre o Direito Penal Tributário e o Direito Tributário, Ribas[13] esclarece: "O Direito Penal Tributário tutela os interesses estatais relevados juridicamente, de modo que as condutas graves que atentem contra este particular objeto jurídico são transformadas legalmente em ilícitos penais tributários, onde estão presentes os elementos que informam a culpabilidade, e são punidos pelo Judiciário com pena ou medida de segurança. Já, o Direito Tributário Penal cuida de punir meros ilícitos administrativo-tributários, com penalidades administrativas próprias, visando a tutelar o direito do Estado de receber os tributos e impor os deveres instrumentais, cujas sanções são aplicadas pelas autoridades administrativas federais, estaduais e municipais, segundo suas próprias legislações". Se há alguma crítica que se possa fazer quanto a tal distinção, é a de que aquele, afora a punição de cunho

---

[10] BATISTA E CAMPOS *apud* FELDENS, Luciano. *Tutela Penal de Interesses Difusos e Crimes do Colarinho Branco*, Porto Alegre: Livraria do Advogado, 2002, p. 135.

[11] MAIA, Rodolfo Tigre. *Lavagem de Dinheiro*, São Paulo: Malheiros, 1999, p. 28, refere que o mafioso Al Capone controlava o crime organizado em Chicago, enriquecendo em especial com a venda de bebidas ilegais. Acabou condenado à pena de 11 anos de prisão e teve desmantelado o seu poder de chefia, em razão da omissão de declaração de receita ao *Internal Revenue Services (IRS)* do Departamento do Tesouro. A partir daí, as técnicas de lavagem de dinheiro aperfeiçoaram-se.

[12] MORAES, Bernardo Ribeiro. *Compêndio de Direito Tributário*, Rio de Janeiro: Forense, vol. 2, 1994, p. 537.

[13] RIBAS, Lídia Maria Lopes Rodrigues. *Direito Penal Tributário*, São Paulo: Malheiros, 1997, p. 113.

criminal, também possibilita a reparação do dano, na medida em que enseja a cautelar de seqüestro de bens. Também prefiro denominar o segundo apenas de Direito Tributário, com o intuito de não confundi-lo com o primeiro, uma vez que suas normas e sanções estão estabelecidas no Direito Tributário.

Inobstante ouvir-se falar em "livre mercado", como se os agentes econômicos não estivessem sujeitos ao controle estatal,[14] a expressão "fiscalização" estatal aparece no art. 174, *caput*, da Constituição Federal: "Como agente normativo e regulador da atividade econômica, o Estado exercerá, na forma da lei, as funções de fiscalização, incentivo e planejamento, sendo este determinante para o setor público e indicativo para o setor privado".

Ainda, no art. 173, § 4°, da Carta Magna está disposto que "a lei reprimirá o abuso do poder econômico que vise à dominação dos mercados, à eliminação da concorrência e ao aumento arbitrário dos lucros".

A propósito da Ordem Econômica e Financeira, onde constou a aludida determinação, diz Moraes:[15] "A Revolução Francesa, com o prevalecimento das idéias liberais, trouxe a diminuição da intervenção do Estado na economia; porém, como relembra Alvacir Alfredo Nicz, 'realisticamente, em nenhum momento o Estado se absteve por completo de intervir na ordem econômica de uma forma ou outra'. Essa tendência foi seguida pelo Título VII – Da Ordem Econômica e Financeira – Capítulo I – Dos Princípios Gerais da Atividade Econômica – a partir do art. 170 da Constituição Federal, que consagra a chamada constituição econômica".

Em outras palavras, considerando os diplomas constitucionais invocados, pode haver a intervenção estatal na economia, decorrente da fiscalização dos Poderes do Estado, indispensável para a constação de abuso do poder econômico que vise à dominação do mercado, à eliminação da concorrência e ao aumento arbitrário dos lucros, etc. E neste contexto, não se pode deixar de reconhecer que a ofensa à ordem tributária está aí inserida, devido aos diversos danos que ela propaga ao Estado e às relações comerciais.

---

[14] Saliente-se que, em conformidade com o art. 170 da Constituição Federal, o abuso do poder econômico que vise à dominação dos mercados, à eliminação da concorrência e ao aumento arbitrário dos lucros deverá ser reprimido por lei. Não há dúvida de que, em certos casos, os crimes fiscais eliminam a concorrência e acarretam a dominação do mercado.

[15] MORAES, Alexandre de. *Constituição do Brasil Interpretada*, São Paulo: Atlas, 2002, p. 1.817.

A investigação que o Estado-Administração, no concernente especificamente à matéria fiscal, tem a possibilidade de executar está amparada no *comando* do art. 145, § 1°, da Constituição Federal, *in verbis*: "Sempre que possível, os impostos terão caráter pessoal e serão graduados segundo a capacidade econômica do contribuinte, facultado à administração tributária, especialmente para conferir efetividade a esses objetivos, identificar, respeitados os direitos individuais e nos termos da lei, o patrimônio, os rendimentos e as atividades econômicas do contribuinte".

É princípio instrumental do Direito: quem tem fins, deve ter meios. O dever de contribuir pode ser descumprido total ou parcialmente. Compete ao Estado, *olhos postos na lei*, conferir a correspondência do dever em face da lei, isto é, a sua função indeclinável e obrigatória de fiscalizar os contribuintes. Ao dar poderes ao Fisco para investigar as pessoas e seus negócios, a Constituição optou pela verdade real.[16]

Assim, para verificar se os fatos geradores tributários foram devidamente informados e arrecadados, as autoridades fiscais, observando os direitos fundamentais do indivíduo e os preceitos legais, estão autorizadas a fiscalizar, ou melhor, identificar o patrimônio, rendas e quaisquer negócios da pessoa física ou jurídica. O dinheiro obtido de forma ilícita é para ser, obviamente, usufruído. Em algum momento, então, irão aparecer os bens incompatíveis com as rendas ou operações comerciais formalmente declaradas.

É evidente que o Estado, considerando a relevância do tributo para a sociedade, deve zelar pelo seu correto recolhimento ao erário, motivo pelo qual é imperiosa a existência de fiscalização e cobrança bem-estruturadas física e materialmente[17] para exercer o controle, orientação e arrecadação da receita das atividades dos contribuintes. Tal serviço de fiscalização é desempenhado, no Brasil, tendo em vista a constitucional repartição da competência tributária, pelos órgãos da Administração Tributária da União, Estados, Municípios e Distrito Federal.[18]

Por isso, visando ao bem comum, foi conferido o poder de fiscalização ao Estado, que deve ter acesso às informações relativas à situação econômica ou financeira do sujeito passivo ou de terceiros e sobre a natureza e o estado de seus negócios ou atividades. Tais informes são obti-

---

[16] COELHO, Sacha Calmon Navarro. *Comentários à Constituição de 1988*, Rio de Janeiro: Forense, 2005, p. 66 e 67.

[17] Uma forma de evitar que um órgão público atue eficazmente é a de não dotá-lo de recursos humanos, financeiros, físicos e de equipamentos adequados.

[18] Artigos 145, *caput*, 150, 153, 155 e 156 da Constituição Federal.

dos pelo agir direto dos agentes administrativos tributários, por ocasião dos procedimentos fiscais, que podem resultar no auto de lançamento. Também são de ciência do Fisco quando terceiros[19] ou a própria pessoa física ou jurídica, em decorrência de obrigação legal, divulga os dados do exercício fiscal.

Em sendo assim, quando o Fisco efetiva o poder a si conferido – fiscalização – faz surgir um direito-dever recíproco,[20] pois ao contribuinte cabe fornecer o que lhe é exigido, cumprindo um dever, ao qual corresponde um direito – o sigilo – e faz nascer para o Fisco o dever de manter sigilo sobre o que tomou conhecimento.

O sigilo fiscal, aliás, está assentado no art. 198, *caput*, do Código Tributário Nacional, de acordo com a redação dada pela Lei Complementar nº 104, de 10 de janeiro de 2001: "Sem prejuízo do disposto na legislação criminal, é vedada a divulgação, por parte da Fazenda Pública ou de seus servidores, de informação obtida em razão do ofício sobre a situação econômica ou financeira do sujeito passivo ou de terceiros e sobre a natureza e o estado de seus negócios ou atividades".

São alguns motivos para o funcionário fazendário não estar autorizado a divulgar o que sabe a respeito do contribuinte: a publicidade do patrimônio acarretaria chantagens de toda espécie por parte de espertalhões; os concorrentes e os clientes poderiam ter conhecimento do patrimônio e solvabilidade da empresa, o que, num certo momento de instabilidade econômica, pode conduzi-la à bancarrota; uma auditoria – simulada – objetiva descobrir as técnicas empregadas nos negócios bem-sucedidos e, depois, repassá-las aos adversários do empresário.

O legislador entendeu que a função de Administração Tributária é de relevância pública, razão pela qual muniu as autoridades administrativas de poder para requisitar força policial quando forem vítimas de embaraço ou desacato na verificação fiscal (art. 200 do Código Tributário Nacional). Considerando, ainda, que os arquivos, mercadorias, livros e documentos dos comerciantes, industriais ou produtores são fontes de informações de fatos geradores do tributo, os agentes fiscais têm o poder de examiná-los (art. 195 do CTN).

---

[19] Hoje as fraudes fiscais, devido ao avanço tecnológico, podem ser detectadas pelo cruzamento, via dados do Sistema Informatizado da Fazenda Pública, das operações divulgadas por um contribuinte e omitidas pelo outro, ou, ainda, na omissão do fornecimento das declarações de transações comerciais por ambos.

[20] FOLMANN, Melissa. *Sigilo Bancário e Fiscal*, Curitiba: Juruá, 2001, p. 72.

O contribuinte e os terceiros são obrigados a prestar contas ao Fisco de seus bens, negócios ou atividades. O art. 197 do CTN, nesse sentido, especifica algumas das pessoas que deverão atender as intimações escritas da autoridade fiscal. Esse dever deixará de existir, todavia, se caracterizado o sigilo profissional, como esclarece o parágrafo único do art. 197, pois a obrigação não atinge a prestação de informações quanto aos fatos que a pessoa tenha o dever legal de manter o sigilo, em razão de cargo, função, ministério, atividade ou profissão. No tocante ao exercício da advocacia e o dever de informar, Difini[21] faz a pertinente observação: "Mas o direito-dever de sigilo só abrange fatos de que teve ciência no exercício da profissão de advogado; é objetivo, relativo ao exercício profissional da advocacia e não à pessoa do advogado. Assim, advogado que é sócio de empresa interessada na lide e é chamado nessa condição, e não de advogado, não pode deixar de depor".

Outro fundamento legal, de cunho criminal, confere *força* para o desempenho do trabalho fiscal, isto é, o art. 1°, parágrafo único, da Lei n° 8.137, de 27 de dezembro de 1990 (Define crimes contra a ordem tributária, econômica e contra as relações de consumo e dá outras providências), que comina pena de reclusão de 2 a 5 anos e multa, a saber: "A falta de atendimento da exigência da autoridade, no prazo de 10 (dez) dias, que poderá ser convertido em horas em razão da maior ou menor complexidade da matéria ou da dificuldade quanto ao atendimento da exigência, caracteriza a infração prevista no inciso V".

Costa Júnior e Denari,[22] em comentário ao referido diploma legal, esclarecem a sua finalidade: "Em verdade, em meio a esses trabalhos, muitas vezes os agentes do Fisco necessitam de outros documentos, afora as notas fiscais. O contribuinte não poderá recusar-se a apresentá-los, no prazo máximo de dez dias, que poderá ser reduzido a horas, desde que a exigência esteja alicerçada em lei ou regulamento que prevejam tais documentos. Assim, o contribuinte deverá exibir, sempre que solicitado, livros fiscais e contábeis que o Fisco entenda necessários, durante a inspeção. A recusa não se justifica, sobretudo, se o contribuinte visar, com a omissão, a evitar o pagamento de tributo. A conduta prevista no parágrafo único configura um crime omissivo próprio de desobediência".

---

[21] DIFINI, Luiz Felipe Silveira. *Manual de Direito Tributário*, São Paulo: Saraiva, 2005, p. 342.
[22] COSTA JUNIOR, Paulo José e DENARI, Zelmo. *Infrações Tributárias e Delitos Fiscais*, São Paulo: Saraiva, 1995, p. 120.

3. Orientação pretoriana quanto à manutenção do sigilo fiscal e hipóteses de seu rompimento

No exame do tema proposto, é indispensável questionar: o sigilo fiscal, isto é, os informes em poder do Fisco, podem ser de conhecimento de terceiros?

Em regra, não. Porém, excepcionalmente, sim.

Primeiramente, vale lembrar que, apesar de não se referir literalmente ao sigilo fiscal, no âmbito internacional, o art. 12 da Declaração Universal dos Direitos do Homem alude ao denominado direito de privacidade do indivíduo, aduzindo: "Ninguém sofrerá intromissões arbitrárias na sua vida privada, na sua família, no seu domicílio ou na sua correspondência, nem ataques à sua honra e reputação. Contra tais intromissões ou ataques toda pessoa tem direito à proteção da lei".

O constituinte brasileiro, de 1988, por sua vez, também não mencionou expressamente o sigilo fiscal na Carta Magna, mas a orientação dos Tribunais é no sentido de que está abrangido no direito de privacidade, ou seja, no Título dos Direitos e Garantias Individuais (art. 5°, X, da CF): "são invioláveis a intimidade, a vida privada, a honra e a imagem das pessoas, assegurado o direito à indenização pelo dano material ou moral decorrente de sua violação".

Todavia, inobstante inserir-se no direito de privacidade, o Supremo Tribunal Federal e o Superior Tribunal de Justiça têm entendimento consolidado de que a garantia do sigilo fiscal não é absoluta,[23] sendo facultada a sua quebra – o afastamento do sigilo – em caso de interesse público relevante e suspeita razoável de infração penal.

O Egrégio Tribunal de Justiça do Estado do Rio Grande do Sul alinha-se na mesma diretriz. Com efeito, denegando o mandado de se-

---

[23] "O entendimento desta Suprema Corte consolidou-se no sentido de não possuir caráter absoluto a garantia dos sigilos bancário e fiscal, sendo facultado ao Juiz decidir acerca da conveniência da sua quebra em caso de interesse público relevante e suspeita razoável de infração penal. Precedentes." (STF, Ag. Reg. no AI n° 541265/SC, julgado em 4/10/2005, Rel. Min. Carlos Velloso, in DJ de 4/11/2005, p. 30).
"Os sigilos bancário e fiscal são direitos individuais não absolutos, podendo ser quebrados, em casos excepcionais, por decisão fundamentada, desde que presentes circunstâncias que denotem a existência de interesse público relevante ou de elementos aptos a indicar a possibilidade de prática delituosa. Precedentes do STJ. A decisão judicial suficientemente fundamentada, na qual se justifique a necessidade da medida para fins de investigação criminal ou instrução processual criminal, não afronta o art. 5°, X, XII e LV, da CF. Recurso Improvido." (STJ, Quinta Turma, ROMS n° 15.599-SP, julgado em 08/03/2005, in DJ de 18/04/2005, p. 352).

gurança[24] impetrado contra a decisão de Magistrado da Vara Criminal que determinou a quebra de sigilo fiscal, deixou consignado no precedente estar o sigilo fiscal abrangido no direito de privacidade, que, excepcionalmente, pode ser objeto de quebra. E seu pronunciamento é elucidativo: "É certo que o sigilo fiscal encontra guarida no princípio da privacidade (art. 5, X, da CF), representando parte da vida privada... Entretanto, motivos excepcionais justificam a possibilidade de acesso de terceiros, às informações fiscais, uma vez que a proteção constitucional não pode dar ensejo à ocultação de fraudes. É a posição encontrada nos julgados do Superior Tribunal de Justiça. Vale transcrever excerto de ementa, exarada em 06/09/05, no julgamento do recurso no mandado de segurança número 15.364/SP: 'O STJ já firmou entendimento de que a proteção dos sigilos bancário e fiscal não é direito absoluto, podendo ser quebrados em casos excepcionais e em razão de decisão fundamentada, quando presentes circunstâncias que denotem a existência de interesse público relevante ou de elementos aptos a indicar a possibilidade de prática delituosa. A decisão judicial suficientemente fundamentada, na qual se justifiquem a necessidade da medida para fins de investigação criminal ou instrução processual criminal, não afronta o art. 5°, incisos X, XII, LIV e LVII, da CF'. No presente caso, verificam-se fundados elementos da prática do crime de sonegação fiscal, com robustos indícios de que os acusados realmente sejam os autores dos ilícitos".

Portanto, os fatos e as provas iniciais é que indicarão se existe o interesse público de quebrar o sigilo do investigado, a partir de elementos razoáveis de possibilidade de infração penal.

Apenas para ilustrar este trabalho, podem ser mencionadas algumas hipóteses de necessidade do acesso às informações da Fazenda Pública: 1) apreciação da situação de riqueza dos denunciados, que, ao tempo da investigação, tinham diversos bens, mas, depois, inexistiam quando da propositura do seqüestro e ação penal (dilapidação do patrimônio para furtar-se à reparação do dano); 2) cotejar as declarações de rendimentos com a vultosa movimentação bancária ou o bem de elevado valor; 3) averiguação da renda e patrimônio da pessoa, com o fim de confirmar se esta figura como *testa-de-ferro* na pessoa jurídica; 4) compará-las com os documentos tidos como falsos ou com provas de *caixa dois*; 5) comprovar que a pessoa jurídica vendeu mercadorias e não as

---

[24] Mandado de Segurança n° 70014082341, de 16 de março de 2006, cuja ementa é parcialmente transcrita: " MANDADO DE SEGURANÇA. CRIME CONTRA A ORDEM TRIBUTÁRIA. SEQÜESTRO DE BENS. QUEBRA DE SIGILO FISCAL. A Proteção do direito ao sigilo fiscal não é absoluta, podendo ser excepcionada quando presentes elementos aptos a indicar a possibilidade de prática delituosa. *Mandamus* denegado."

informou ao Estado; 6) Para a verificação da CPMF[25] originária de operação ilícita e localização da respectiva instituição financeira.

O sigilo em exame é uma exceção ao princípio constitucional da publicidade (art. 37, *caput*, da CF). Ele não deve ser preservado quando, no interesse público, se visa a conseguir informações que subsidiem o esclarecimento de ilícitos penais. O sigilo, em verdade, diz Ribeiro de Moraes,[26] *não é estabelecido para ocultar fatos, mas para revestir a revelação deles de um caráter de excepcionalidade.*

4. Exceções ao sigilo fiscal

As exceções ao sigilo fiscal, relacionadas aos crimes contra a ordem tributária, estão lastreadas nas situações que passam a ser expostas.[27]

4.1. Requisição judicial

O legislador acenou com a possibilidade de, excepcionalmente, ser rompido o sigilo fiscal se houver ordem emanada – *regularmente* – de autoridade judiciária no interesse da justiça, conforme a antiga redação do parágrafo único do art. 198 da Lei nº 5.172, de 25 de outubro de 1966 – CTN.

---

[25] A Lei Federal nº 9.311, de 24 de outubro de 1996, instituiu a CPMF e disciplinou a administração, tributação, fiscalização e arrecadação da CPMF, e teve alterado o seu art. 11, § 3º, pela Lei Federal nº 10.174, de 9 de janeiro de 2001, ficando este assim redigido: "A Secretaria da Receita Federal resguardará, na forma da legislação aplicável à matéria, o sigilo das informações prestadas, facultada sua utilização para instaurar procedimento administrativo tendente a verificar a existência de crédito tributário relativo a impostos e contribuições e para lançamento, no âmbito do procedimento fiscal do crédito tributário porventura existente...".

[26] *Apud* SARAIVA FILHO, Oswaldo Othon de Pontes. *Sigilo Fiscal e Bancário*, São Paulo: Quartier Latin do Brasil, 2005, p. 161.

[27] A Lei Complementar nº 104/2001 trouxe, no art. 198 e parágrafos, algumas outras situações em que o sigilo fiscal não precisa ser resguardado: "§ 1º Excetuam-se do disposto neste artigo, além dos casos previstos no art. 199, os seguintes: II – solicitações de autoridade administrativa no interesse da Administração Pública, desde que seja comprovada a instauração regular de processo administrativo, no órgão ou na entidade respectiva, com o objetivo de investigar o sujeito passivo a que se refere a informação, por prática de infração administrativa. § 2º O intercâmbio de informação sigilosa, no âmbito da Administração Pública, será realizado mediante processo regularmente instaurado, e a entrega será feita pessoalmente à autoridade solicitante, mediante recibo, que formalize a transferência e assegure a preservação do sigilo. § 3º Não é vedada a divulgação de informações relativas a: II – inscrições na Dívida Ativa da Fazenda Pública; III – parcelamento ou moratória."

A Lei Complementar n° 104, de 10 de janeiro de 2001, modificou a redação do *caput* e o parágrafo único do art. 198 do CTN, e, em seu bojo, ampliou as situações de excepcionalidade ao sigilo em questão. Uma delas é a requisição judicial, ou seja, manteve expressa a atuação do Judiciário sobre o tema, conforme a nova disposição legal – art. 198, § 1°: "Excetuam-se do disposto neste artigo, além dos casos previstos no art. 199, os seguintes: I- requisição de autoridade judiciária no interesse da justiça;".

Ora, o Judiciário, sendo um Poder que deve primar pelos direitos e garantias individuais, não pode deixar de figurar, obviamente, entre os legitimados a apreciar o direito de terceiros acessarem os dados fiscais.

O novo texto legal, como observou Amaro,[28] não requer mais que essa requisição seja "regular", o que não abre espaço para requisições "irregulares". Fez bem, pois, o legislador em suprimir tal terminologia. Outrossim, a requisição judicial deve ser *no interesse da justiça*, cujos termos são amplos. O certo é que não se pode negar que a coleta de elementos probatórios de crime tributário e sua autoria caracterizam o referido requisito legal, pois a justiça, em razão dos seus deveres constitucionais, tem interesse em verificar se foi descumprido o preceito legal e quem assim agiu. No entanto, não se pense que numa desavença entre particulares, de natureza cível, também não possa ocorrer o referido interesse da justiça. A perfeita individualização da pessoa, que tem o sigilo fiscal afastado, é pressuposto para o êxito da obtenção de informações e documentos pretendidos. É pertinente, então, especificar o CPF, CNPJ, etc.

A Lei n° 9.034/95 – art. 2°, III –, concernente ao crime organizado, também permite a averiguação patrimonial e financeira.

Tratando-se de crime fiscal, via de regra, o Poder Judiciário é acionado pelo Ministério Público ou pela Polícia, órgãos do Estado encarregados da persecução penal. O Ministério Público é o destinatário das investigações, pois, caso convencido do ilícito, promoverá o processo criminal. No entanto, é de reconhecer-se que a Fiscalização Tributária Gaúcha tem comunicado os maiores *desvios* de recursos públicos à Promotoria de Justiça.

A autorização judicial de quebra de sigilo fiscal, antes mesmo do diploma legal em comento, era respaldada pelo Poder Judiciário. O Supremo Tribunal Federal (Agr. Reg. n° 2.790/RS)[29] assentou que Magis-

---

[28] AMARO, Luciano. *Direito Tributário Brasileiro*, São Paulo: Saraiva, 2005, p. 484.
[29] DJ de 11.4.2002, p. 40.

trado, atendendo provocação do Ministério Público, pode buscar dados sigilosos em poder do Fisco: "Este Tribunal tem admitido como legítima a quebra de sigilo ... fiscal em caso de interesse público relevante e suspeita razoável de infração penal. A iniciativa do Ministério Público de quebrar os sigilos bancário e fiscal do Agravante foi provocada pelo Delegado da Receita Federal com base em prova documental. Ela foi deferida pela autoridade competente, o Juiz Federal. Portanto, não houve ilegalidade. Recurso improvido".

Cumpre salientar que a requisição judicial deve partir de autoridade com atribuição constitucional para tanto, sob pena de, uma vez concluído o trabalho investigatório, ser considerada ilícita ou inadmissível a prova (art. 5º, LVI, da CF[30]). Aliás, relativamente ao assunto *prova ilícita*, é pertinente mencionar o trecho da ementa do Habeas Corpus nº 42.693/PR,[31] do Superior Tribunal de Justiça: "Se as provas que instruem o novo inquérito policial instaurado foram obtidas com a quebra judicialmente autorizada dos sigilos bancário, fiscal e telefônico dos indiciados, não há como tachá-los de ilícitos, porquanto desvinculados da prova anteriormente colhida com vício".

Não se pode esquecer, finalmente, que deve ser verificado se a pessoa investigada goza do direito do foro por prerrogativa de função, como, por hipótese, um Prefeito ou Deputado Estadual, pois o sigilo fiscal, então, poderá ser *rompido* por promoção do Procurador-Geral de Justiça. Ou seja, consumado o crime ofensivo à ordem tributária estadual ou municipal por pessoa detentora daquela prerrogativa, a Promotoria de Justiça deverá, por imposição legal, remeter o procedimento investigatório ao Chefe do Ministério Público Estadual.

4.2. Cooperação mútua na fiscalização

A cooperação entre as diversas instituições fazendárias existentes no Brasil, com o fim de exercer a atividade de fiscalização tributária, outra exceção ao sigilo fiscal, está especificada no art. 199, *caput*, do CTN, com a redação que segue: "A Fazenda Pública da União e as dos Estados, do Distrito Federal e dos Municípios prestar-se-ão mutuamente assistência para a fiscalização dos tributos respectivos e permuta de informações, na forma estabelecida, em caráter geral ou específico, por lei ou convênio".

---

[30] Art. 5º, LVI, da Constituição Federal: "são inadmissíveis, no processo, as provas obtidas por meios ilícitos;".
[31] DJ de 24.10.2005, p. 353.

A Lei Complementar n° 104/01 acrescentou um parágrafo único ao art. 199 do CTN supra e estabeleceu que a Fazenda Pública da União, na forma prevista em tratados, acordos ou convênios,[32] poderá permutar informações com Estados estrangeiros no interesse da arrecadação e da fiscalização de tributos. Tal autorização legal visa a efetivar que a Fazenda Pública da União também consiga, quando necessário, informações existentes em poder de fiscos estrangeiros.

No âmbito constitucional, em razão da Ementa Constitucional n° 42, de 19.12.2003, ficou expressa na Constituição Federal a possibilidade do intercâmbio de informações entre os Fiscos, no art. 37, XXII: "as administrações tributárias da União, dos Estados, do Distrito Federal e dos Municípios, atividades essenciais ao funcionamento do Estado, exercidas por servidores de carreiras específicas, terão recursos prioritários para a realização de suas atividades e atuarão de forma integrada, inclusive com o compartilhamento de cadastros e de informações fiscais, na forma da lei ou convênio".

A verdade é que, caso não haja uma reciprocidade na troca de informações, dificilmente consegue-se avançar na órbita da cooperação mútua entre os fiscos, principalmente nas relações internacionais, onde cada país tem uma peculiaridade própria de tratar o assunto. A permuta de dados confidenciais, com certeza, auxilia muito na busca de informações fiscais ou financeiras existentes em outros países, mas com origem em fraudes consumadas no Brasil.

A troca de informações tem em mira facilitar o trabalho investigatório em curso, já que, algumas vezes, os dados em poder de um fisco podem ajudar no desenlace de uma averiguação de outra pessoa jurídica de direito público. No entanto, não basta apenas uma simples solicitação de informação, porque esta deve ser acompanhada, dentre outros subsídios, da demonstração de que será útil para um determinado procedimento fiscal ou outra justificativa razoável, demonstradora do que se pretende com o informe.

Cabe alertar que a utilização da assistência mútua na fiscalização implica na manutenção do sigilo por quem recebeu a divulgação e, também, por aquele que forneceu o informe. Com efeito, estando na seara de troca de informações sigilosas, seria inadmissível que, ao tentar conseguir uma informação, a autoridade fiscal tivesse frustrado ou impe-

---

[32] O Decreto n° 91.366, de 24 de junho de 1985, determina a execução do Convênio Multilateral sobre Cooperação e Assistência Mútua entre as Direções Nacionais de Aduanas da América Latina.

dido de lavrar o auto de lançamento pelo *vazamento* de informações no Fisco onde procurou apoio para o seu trabalho. A indevida divulgação da referida investigação fazendária, prejudicial ao esclarecimento do caso, acarretaria, em tese, as penas do delito de Violação de Sigilo Funcional (art. 325 do Código Penal)[33] e mais a perda do cargo público (art. 92, I, do CP).

Vale lembrar que, embora a boa intenção do legislador em propiciar instrumento legal para tornar mais eficaz os serviços prestados pelas fiscos nacionais, existem os chamados paraísos fiscais. Estes negam ou dificultam qualquer auxílio no fornecimento de dados fiscais ou financeiros, razão pela qual não assinam o referido tratado de cooperação ou, quando o firmam, no instante da execução não o cumprem. Os paraísos fiscais são identificados por características tais como:[34] a) ausência de ou reduzida tributação direta (imposto de renda, impostos sobre a riqueza, ganhos de capital e sucessão); b) inexistência de controle cambial; c) estabilidade política; d) facilidade de comunicações rápidas e de transporte; e) leis locais atrativas, principalmente as tributárias, comerciais e sobre companhias; f) sigilo bancário e possibilidade de depósito em moeda estrangeira; g) baixo custo de formação, registro e manutenção das companhias.

Assim, como não se podem invadir os limites jurisdicionais de outro país, sem a observação da legalidade, alguns criminosos disso se valem, justamente para lograr êxito no envio de recursos para o exterior. Com o aprimoramento da informática, um dado precioso pode ser obtido em minutos, bastando a boa vontade em propiciar o acesso ao informe. Tanto que em alguns casos recentes, amplamente publicados na imprensa, o Ministério Público e o Fisco tiveram êxito na obtenção de informações fornecidas por países estrangeiros, inclusive com indisponibilidade e repatriação de bens.

E o mundo subdivide-se em Estados soberanos, que competem acirradamente pela hegemonia ou para obter benefícios, sucedendo por vezes que países insuflem o crime no território de seus rivais.[35]

A produção de normas, a solução de conflitos e aplicação da lei permanecem ainda razoavelmente compartimentadas em espaços jurídicos (Estados), mas não a vida social. O direito é estatal, mas a sociedade é

---

[33] Art. 325 do Código Penal: "Revelar fato de que tem ciência em razão do cargo e que deve permanecer em segredo, ou facilitar-lhe a revelação."

[34] TAVOLARO, Agostinho Toffoli. *Curso de Direito Tributário*, São Paulo: Saraiva, 2006, p. 548.

[35] SILVA, Juary C. *Macrocriminalidade*. São Paulo: RT, 1980, p. 19.

global. As relações internacionais são exigências para a preservação da sociedade brasileira e efetividade de suas instituições. Teremos o acesso à cooperação de outros Estados na mesma medida que a prestarmos.[36]

De qualquer forma, mesmo sabedores das dificuldades em localizar boas provas, não podem as autoridades desistir de procurar os meios lícitos para contornar os obstáculos que surjam nas relações internacionais. Isto é, buscar na órbita política a agilização na obtenção de informações e efetivação de acordos, bem como resolver o trâmite moroso das rogatórias. Outra alternativa talvez seja a de que os Ministérios Públicos dos diversos países, dentro do que prevê cada ordenamento jurídico, procurem concretizar o intercâmbio de informações.

4.3. Representações fiscais

A terceira exceção ao sigilo em apreciação refere-se às representações fiscais para fins penais. Inseridas no âmbito do Código Tributário Nacional (CTN), a partir da Lei Complementar nº 104/01, a saber: "Art. 198, § 3º Não é vedada a divulgação de informações relativas a: I – representações fiscais para fins penais".

Algumas das justificativas do referido diploma legal ficaram expostas no Relatório do Senado Federal, por ocasião da tramitação do então Projeto de Lei nº 114, de iniciativa do Presidente da República, onde foi destacado: "A proposição em exame, em complemento a outras que já tramitaram ou ainda tramitam no Congresso Nacional, tem sua origem ligada aos depoimentos do Secretário da Receita Federal perante a Comissão Parlamentar de Inquérito (CPI) relativa ao sistema financeiro nacional. Naquela oportunidade, ficou extremamente clara para esta Casa e para a Nação, a urgência em se promover o aprimoramento e a atualização das normas gerais de direito tributário como forma de bloquear diversas formas de elisão fiscal largamente praticadas, principalmente, no âmbito das grandes empresas. (...) Aperfeiçoamento dos mais importantes é o introduzido no art. 116, que permite à autoridade fiscal trazer para as malhas da tributação as operações efetuadas com vício de simulação. Trata-se, no caso, de coibir o que em direito se denomina de abuso de forma jurídica. (...) A flexibilização do sigilo fiscal, como proposto, não desnatura o instituto. (...) Portanto, está presente o interesse público em seu mais alto grau. Por outro lado, não se justifica

---

[36] MADRUGA, Antenor; MACHADO, Maíra Rocha; REFINETI, Domingos Fernando. *Lavagem de Dinheiro e Recuperação de Ativos – O Brasil e a Jurisprudência do STF na Idade Média da Cooperação Jurídica Internacional*, São Paulo: Quartier Latin, 2006, p. 78 e 93.

acobertar com o manto do sigilo legal a representação fiscal para fins criminais".

Assim, diante da vigência do art. 198, *caput*, e do seu § 3º em comentário, o funcionário da Fazenda Pública, como regra geral, deve manter a sua discrição – sigilo fiscal – quanto aos informes obtidos em razão do ofício sobre a situação econômica ou financeira do sujeito passivo ou de terceiros e sobre a natureza e o estado de seus negócios ou atividades. Todavia, como no decorrer do seu trabalho depara-se com vultosas fraudes danosas ao cofre estatal – desde uma dolosa inserção de dado falso na contabilidade da pessoa jurídica, fruto de mais de um milhão de reais, oriundo de um único crédito fiscal *frio*, até uma omissão total da receita auferida, popularmente denominada de caixa dois – o legislador resolveu dispor, em norma de natureza complementar, que os crimes tributários devem ser objeto de representações fiscais, isto é, comunicados às autoridades incumbidas da repressão penal. A bem da verdade, face aos citados termos "para fins penais", todo e qualquer crime percebido no âmbito fazendário deverá ser representado, como os delitos de lavagem de dinheiro, corrupção, inserção de dados falsos no sistema de informática, etc.

A expressão *representação, relativamente ao crime tributário,* apareceu antes em nosso ordenamento jurídico por ocasião da Lei nº 9.430, de 27.12.1996, que no art. 83 estabeleceu: "A representação para fins penais relativa aos crimes contra a ordem tributária definidos nos arts. 1º e 2º da Lei nº 8.137, de 27.12.1990, será encaminhada ao Ministério Público após proferida a decisão final, na esfera administrativa, sobre a exigência fiscal do crédito tributário correspondente".

No artigo intitulado "Artigo 83 da Lei nº 9.430/96 e a Ação Penal nos Crimes contra a Ordem Tributária", escrito[37] em co-autoria com Hoffmann, concluiu-se, no mesmo sentido do deliberado no 1º Encontro Nacional de Promotores de Justiça que atuam na Área de Combate aos Crimes Tributários, realizado no dia 5 de abril de 1997, na cidade de Curitiba, *in verbis*: "... o dispositivo legal deve ser interpretado no sentido de que a representação fiscal será encaminhada ao Ministério Público, necessariamente, após proferida a decisão final, na esfera administrativa, sobre a exigência fiscal do crédito tributário, porém nada impede que seja remetida antes, desde que presentes os elementos suficientes, ou seja, indícios da autoria e materialidade do delito".

---

[37] HOFFMANN, Magali Mannhart e VELASQUES, Renato Vinhas Velasques. *Revista do Ministério Público do RS*, editada pela Associação do Ministério Público do RS, nº 43, ano 2000, p. 161-168.

A *representação para fins penais*, aludida no art. 198, § 3º, I, do CTN não é uma condição de procedibilidade para o exercício da ação penal, mas sim uma notícia do crime *(notitia criminis)*, onde é relatada a existência de delito e sua possível autoria. Nela a Fazenda Pública deverá juntar todos os elementos probatórios da infração penal delituosa que pretenda levar ao Ministério Público e, se for solicitado por este, complementá-la com outras provas. Embora a terminologia representação fiscal seja nova em nossa legislação, os ensinamentos do processualista Frederico Marques,[38] relativamente à notícia do crime e sua diferença da ação penal, são atuais: "... substanciais são as diferenças entre a notícia do crime e a ação penal. Esta é um dos momentos da *persecutio criminis*, ou a própria perseguição penal, quando revestida da forma da acusação, para que seu órgão impetre ao juiz a aplicação da lei penal, dirimindo, assim, um conflito de direitos subjetivos; enquanto que a notícia do crime é apenas o ato jurídico que torna possível a perseguição penal, ou que lhe provoca o início".

A ação penal em crime fiscal sempre foi pública incondicionada, o que chegou a ser assentado na Súmula nº 609 do Supremo Tribunal Federal: "É pública incondicionada a ação penal por crime de sonegação fiscal". Mais recentemente, o STF, em decisão inesperada e publicada no DJ de 13.05.2005, acolheu o Habeas Corpus nº 81.611-8 e trancou a ação penal em acórdão ementado: "Crime material contra a ordem tributária (Lei 8.137/90, art. 1º): lançamento do tributo pendente de decisão definitiva do processo administrativo: falta de justa causa para a ação penal, suspenso, porém, o curso da prescrição enquanto obstada a sua propositura pela falta do lançamento definitivo". Ou seja, a aludida Súmula nº 609 continua em vigor e, apesar do decidido no HC 81.611-8 – julgado em favor do impetrante por maioria de votos –, é indispensável acompanhar os novos precedentes do STF para que se conclua que a Corte abandonou a orientação sumular.

É de suma importância a oportuna representação fiscal, referida pelo legislador, com o fim de ensejar ao Ministério Público providenciar, de imediato, nas medidas investigativas e preparatórias da materialidade e de índole cautelar permitidas pelo Direito Processual brasileiro, como a proteção da prova, eventuais restrições de liberdade e constrições de patrimônio, porque a defesa do interesse público, a ampla acusação, a proteção ao erário, a coibição ao abuso do poder econômico e à concorrência desleal, dentre outros bens jurídicos tutelados na Consti-

---

[38] MARQUES, José Frederico. *Tratado de Direito Processual Penal*, São Paulo: Saraiva, 1980, p. 48.

tuição Federal, poderão ficar desamparados se houver delonga. Isso implica maior responsabilidade às autoridades fazendárias que deverão, tão logo tenham conhecimento do ilícito, monitorar o caso e comunicar a existência dos indícios criminosos. Há mister, pois, de uma estratégia de enfrentamento ao crime tributário e isso passa pela diligência e criatividade de quem trabalha na matéria.

Neste passo, são pertinentes a advertência e o alerta feitos por Nilo Otaviano,[39] relevante até por se tratar de um Fiscal de Tributos, quando realizou uma *construtiva crítica* ao que viu no desempenho de seu cargo, no Estado de Pernambuco: "A autonomia com que o agente do Fisco, historicamente, ao longo de décadas, tem revestido o seu trabalho, ao invés de contribuir para com a sua profissionalização, tem servido de escudo protetor contra quaisquer melhorias na sua sistemática. Assim, é que se cristalizou a idéia – equivocada – de que a simples lavratura de um auto de infração encerra a ação da Fazenda Pública sobre o autor do crime contra a ordem tributária, o que termina dando a este a condição de simples infrator tributário. E, em conseqüência, ampliando na sociedade o sentimento de total impunidade que reveste os criminosos do colarinho-branco ... Essa postura do Fisco só veio a contribuir para a garantia da impunidade do criminoso tributário, desvalorizando e, até, desmoralizando a própria ação fiscal. Como resultado disso, temos a indiferença e, muitas vezes, o deboche com que o agente é tratado pelo sonegador ao desenvolver a sua atividade de fiscalização. Não mais são raros os casos em que os Autos de Infração são rasgados pelo contribuinte 'na cara' do Autuante. Logo após a sanção da Lei Federal nº 8.137/90, que em seus artigos 1º, 2º e 3º, dispõe sobre os crimes contra a ordem tributária, alguns Estados do país, a exemplo do Rio Grande do Sul e Santa Catarina, bem como a União, envidaram esforços no sentido de sistematizar uma ação conjunta da Fazenda e do Ministério Público, no sentido de que o sonegador viesse a ser tratado como o verdadeiro criminoso que é. Muito curioso, e por demais preocupante, é a constatação de que até hoje, quase uma década após a sanção da Lei nº 8.137/90, poucas unidades da Federação têm seguido o exemplo pioneiro do RS e SC. Poderíamos citar os bons trabalhos desenvolvidos nessa área pelos Estados de MG e PR, um esforço razoável que vem sendo feito pelos Estados de SP e GO, e um trabalho inicial, ainda incipiente, que vem se realizando em PE".

---

[39] SILVA FILHO, Nilo Otaviano. *Criminalização das Condutas Tributárias*, Recife: Escola Fazendária de Pernambuco – ESAFAZ, 2001, p. 1, 2 e 4.

Não permanecendo apenas na referida crítica construtiva a então costumeira ausência de *notitia criminis*, o eminente autor pernambucano aponta o caminho a ser trilhado: "... a Fazenda Pública ... deve utilizar a legislação penal tributária, da melhor forma possível, no combate ao crime contra a ordem tributária".

Essa diretriz foi traçada pelo Ministério Público gaúcho e pela Secretaria da Fazenda do RS que, mesmo antes da vigência da Lei nº 8.137/90, passaram a trabalhar em conjunto, colhendo resultados positivos para ambas as instituições e granjeando, de lá para cá, por alguns o respeito e aplauso pela forma de atuação e para outros o dissabor de terem o interesse contrariado e de serem pegos na *malha criminal*. Aliás, a experiência da relação institucional Ministério Público-Receita Pública, no RS, cujo trabalho pioneiro iniciou em 1989, tem servido como *modelo* para outras unidades da federação, que aqui têm compartilhado experiências para aprimorar seu trabalho.

A atuação da Secretaria da Fazenda Pernambucana em parceria com o Ministério Público do mesmo Estado, até onde se sabe, ganhou vulto. É um exemplo a evidenciar o destemor com que os agentes dessas instituições têm lutado numa terra onde ainda persistem alguns atos de *coronelismo*. Outros Ministério Públicos também trataram de incrementar a atuação na matéria, especializando os seus Membros.

Hoje, no RS, depois de 17 anos da implementação da Lei dos Crimes Tributários, já existe uma consciência no meio das autoridades fiscais, *espalhada* por diversas unidades da federação, de que o Ministério Público – titular da ação penal – deve ser comunicado dos ilícitos penais apurados nas investigações fiscais. Outrossim, tratando-se de uma *parceria* com objetivos comuns e respeito às funções constitucionais de cada órgão, inúmeras investigações preliminares da Promotoria são encaminhadas ao Fisco. Então, novos subsídios são coletados e resultam no lançamento do tributo sonegado, com reflexos nas esferas tributária e criminal.

O cotidiano tem mostrado que o trabalho criminal adverte/instiga o contribuinte a recolher devidamente o tributo e, dependendo do segmento investigado, percebe-se um considerável aumento na arrecadação tributária. As autoridades fiscais e muitos contribuintes sabem que, dependendo do apurado na investigação fiscal, não encontrarão apenas o Estado agindo na esfera do rito cível da execução fiscal. Esta é imprescindível, mas, em muitos casos, há mister de também ser acionada a Justiça Penal. Daí a missão do Direito Penal e a sua intervenção, como ressalta Toledo[40]: "A tarefa imediata do direito penal é, portanto, de natureza eminentemente jurídica e, como tal, resume-se à proteção de bens jurídicos. Nisso, aliás, está empenhado todo o ordenamento jurídico. E aqui entremostra-se o caráter subsidiário do ordenamento penal: onde a proteção de outros ramos do direito possa estar ausente, falhar ou revelar-se insuficiente, se a lesão ou exposição a perigo do bem jurídico tutelado apresentar certa gravidade, até aí deve estender-se o manto da proteção penal, como *ultima ratio regum*".

4.4. Comissão parlamentar de inquérito e Ministério Público

O Congresso Nacional tem a competência de fiscalizar e controlar, diretamente, ou por qualquer de suas Casas, os atos do Poder Executivo, incluídos os da administração indireta.[41] E nesse sentido, o Poder Legislativo, por intermédio da Comissão Parlamentar de Inquérito (CPI), tem o poder – próprio da autoridade judicial – de investigar fato determinado e por prazo certo – art. 58, § 3º, da Constituição Federal.

Nos últimos tempos as CPIs têm tido destaque por *levantar o véu de* fraudes lesivas ao erário. Tal poder é extensivo às CPIs estaduais, em razão da separação de Poderes no sistema federativo, da semelhança entre as CPIs federais e estaduais, por ser instrumento inerente e fundamental ao exercício da atividade parlamentar e para não caracterizar um "elemento adicional de apoucamento das já institucionalmente fragilizadas unidades integrantes da Federação".[42] De acordo com a jurisprudência do Supremo Tribunal Federal, as CPIs podem obter dados fiscais sigilosos dos investigados, desde que a decisão esteja devidamente fundamentada.[43]

---

[40] TOLEDO, Francisco de Assis. *Princípios Básicos de Direito Penal*, São Paulo: Saraiva, 1986, p. 13 e 14.

[41] Art. 49, X, da Constituição Federal.

[42] Informativo nº 362 do Supremo Tribunal Federal, ACO 730/RJ.

[43] Refere o Informativo nº 420 do STF, MS-25.668/DF: "A norma inscrita no art. 58,§ 3º, da CF, permite a qualquer Comissão Parlamentar de Inquérito o poder de decretar a quebra do sigilo inerente aos registros bancários, fiscais e telefônicos, desde que o faça em ato adequadamente fundamentado ...". A CPI tem o poder de condução de testemunhas, mas não pode ordenar medidas inseridas na reserva de jurisdição, tais como medidas de indisponibilidade de bens e busca e apreensão – Informativo 158 do STF, respectivamente MS 23.446-DF e MS 23.454-DF.

A CPI da Sonegação Fiscal e Pirataria[44] identificou vários aspectos que os ilícitos desta espécie afetam nos diversos segmentos da sociedade, cabendo destacar: a) a fuga de investidores nacionais e internacionais, que sofrem a concorrência desleal dos que operam à margem da lei; b) a burla ao Fisco, com os preços chegando ao consumidor em valores abaixo do mercado; c) o sucateamento e até o fechamento de indústrias nacionais.

O Ministério Público é a Instituição do Estado que, por imperativo constitucional e legal, tem a missão de encaminhar ao Poder Judiciário o acusado que tenha violado a ordem tributária tutelada na Lei nº 8.137/90. É o *dominus litis,* o órgão que deve promover a ação penal pública (art. 129, I, da CF e art. 25, III, da Lei nº 8.625/93). Nos exatos termos traçados pelo constituinte, no art. 127 da CF: "... é instituição permanente, essencial à função jurisdicional do Estado, incumbido-lhe a defesa da ordem jurídica, do regime democrático e dos interesses sociais e individuais indisponíveis".

Todavia, tais relevantes tarefas, em matéria de ofensa à ordem tributária, somente serão efetivadas em razão da independência funcional conferida ao Agente Ministerial – art. 127, § 1º, da CF. Aliás, ainda na vigência da Constituição anterior, o eminente Membro do Ministério Público Roberto Lyra,[45] invocando as palavras de Emydio da Silva, advertiu: "Coloque-se o Ministério Público na dependência absoluta do governo; tirem-se-lhes todas as garantias de independência e ponderação – e (ai de nós) a perseguição nascida de ódios políticos encontra nele um instrumento dócil e obediente, e, dentro do Palácio da Justiça, forçando as suas portas, nós veremos, na cadeira honrosa do representante da sociedade, o braço vingativo da animosidade partidária guiando o gesto da acusação. Que poderia ser o Ministério Público dependente do Governo? O arbítrio imperando na justiça. A perseguição movida conforme as paixões políticas. A segurança ameaçada. A liberdade oprimida".

Ao receber a representação fiscal, estando comprovadas autoria e materialidade do delito, será oferecida a denúncia.

Existem outras situações, contudo, em que a informação do crime, provinda de particulares ou órgãos públicos, não está suficientemente acompanhada de provas contundentes, fazendo-se mister diligências

---

[44] Relatório da CPI da Sonegação Fiscal e Pirataria, publicado pela Câmara dos Deputados, Centro de Documentação e Informação, Brasília, 2004, p. 20.

[45] LYRA, Roberto. *Teoria e Prática da Promotoria Pública,* Porto Alegre: Sergio Antonio Fabris e Escola Superior do Ministério Público, 1989, p. 110.

para obtenção de maiores subsídios probantes. Quando os informes indispensáveis estão em poder da Receita Pública, a Promotoria instaurará o procedimento administrativo investigatório, onde colherá depoimentos ou esclarecimentos, e terá que se valer do seu poder requisitório (art. 129, II, VI, VIII e IX, da Constituição Federal, art. 26, I b, e seus §§ 2º e 3º, e art. 80 da Lei nº 8.625/93 e art. 8º, II e VIII, § 2º, da Lei Complementar nº 75/93). Na requisição – ordem para a entrega da prova –, deverá ser indicado o procedimento ou processo em que os informes serão utilizados.

Cuidando-se de dinheiro público, o sigilo fiscal deve ser afastado, pois não pode constituir obstáculo à completa elucidação do ilícito. Mesmo quando a autoridade fazendária tenha reputado determinado elemento de prova como irrelevante, poderá este vir a ser considerado indispensável pelo Agente Ministerial. Por outro lado, quando a notícia delitiva provier do particular também deverá ser a mais completa possível, principalmente instruída com os documentos que ele dispuser.

A falta injustificada e o retardamento indevido do cumprimento das requisições do Ministério Público implicarão a responsabilidade de quem lhe der causa.[46]

Enfim, o disposto na Constituição Federal e no ordenamento infraconstitucional, pertinentes à atuação do Ministério Público, conferem-lhe o acesso aos documentos e informações da repartição fiscal. Porém, não somente tais dispositivos respaldam a aludida requisição, conforme leciona Decomain:[47] "Em se cuidando de matéria criminal, o próprio art. 198 do CTN ressalva a inexistência de sigilo fiscal, impondo, por via oblíqua, aos agentes do fisco, a comunicação ... ao Ministério Público ... de todos os fatos relacionados à atividade tributária do contribuinte e que lhes hajam chegado ao conhecimento, que possam representar crime ou contravenção. Diz realmente o alvitrado art. 198 do CTN que 'sem prejuízo do disposto na legislação criminal, é vedada a divulgação, etc.'. Desse modo, quando se tratar da requisição de informações ou documentos que possibilitem a apreciação da conduta de determinado sujeito passivo sob a ótica criminal, nem mesmo existirá o dever de sigilo da parte dos agentes do fisco. Deverão fornecer as informações necessárias... Em suma, não pode ser oposto sigilo fiscal ao Ministério Público ...".

[46] Art. 8º, § 3º, da LC nº 75/93.
[47] DECOMAIN, Pedro Roberto. *Comentários à Lei Orgânica do Ministério Público*, Florianópolis: Obra Jurídica, 1996, p. 212.

Crimes contra a Ordem Tributária – Medidas Acautelatórias

O agir do Ministério Público é mais um reforço para que, além da aplicação da sanção prevista na lei penal, o Estado consiga o retorno do montante que lhe foi sonegado, via reparação do dano.

Somente na hipótese de não vislumbrar suficientes dados de convicção e a impossibilidade de investigação, o Ministério Público promoverá o arquivamento do caso.

5. Peculiaridades finais acerca do tema

Para concluir a apreciação do tema, restam, neste tópico, últimas considerações:

I. Vários países desenvolvidos praticam o sigilo fiscal, mitigado por sua quebra em certas situações, e o Brasil, considerando o interesse em desenvolver a sua economia[48] e de minorar a miserabilidade de grande parte de seu povo,[49] precisa tornar-se competitivo para atrair o capital estrangeiro,[50] o que resultaria em prejuízo na disputa se ele também não tivesse a garantia da intimidade do mesmo sigilo. Contudo, o nosso país não pode se tornar *abrigo seguro* ou *muro intransponível* para que dinheiro *sujo* venha aqui *residir* ou se tornar *limpo*, pois *a mão que o trás vem encoberta de ilicitude e ela, no momento próprio, o fará retornar para onde não haja importunação ou transitará para corroer ou destruir negócios sérios estabelecidos.*

II. A delinqüência da evasão fiscal, rotineira e com *estrutura empresarial*, além de lesar o Estado também afeta as relações econômicas,

---

[48] GRAU, Eros Roberto. *A Ordem Econômica na Constituição de 1988*, São Paulo: RT, 1990, p. 235 e 243, refere: "Garantir o desenvolvimento nacional é, tal qual construir uma sociedade justa, livre e solidária, realizar políticas públicas cuja reivindicação, pela sociedade, encontra fundamentação neste art. 3º, II. A afirmação da soberania nacional econômica não supõe o isolamento econômico, mas antes, pelo contrário, a modernização da economia – e da sociedade – e a ruptura de nossa situação de dependência em relação às sociedades desenvolvidas. Talvez um dos sintomas mais pronunciados dessa dependência se encontre, nos nossos dias ... na dissociação entre a tecnologia usada e a pobreza da tecnologia concebida ou concebível pelas sociedades dependentes".

[49] Um único esquema criminoso desmantelado, com ramificações em oito unidades da federação brasileira e nos Estados Unidos, envolveu a sonegação fiscal de mais R$ 500.000.000,00 (quinhentos milhões de reais) em dez anos, o que impediu a criação de 20.000 (vinte mil) empregos no Brasil, conforme os Jornais Zero Hora e Correio do Povo, de 17 de agosto de 2006, respectivamente p. 24 e 26.

[50] Informe da Revista Carta Capital, de 19 de abril de 2006, mostra, por exemplo, a enorme disparidade no setor exportador, conforme se vê no comparativo, em bilhões de dólares, entre o nosso país, a Coréia e a China: anos 1980/1984, respectivamente 22,5, 22,9 e 22,1, enquanto em 2005, respectivamente 118,3, 284,7 e 762,1.

de molde a gerar um sentimento de impunidade no meio social e de impotência para quem recolhe o tributo e tem dificuldade para trabalhar honestamente, forçando, por essa situação, que os contribuintes também ingressem no ilícito, gerando, com isso, um círculo vicioso de ocultação de seus negócios. Assim, não há outro caminho senão efetivamente combater a evasão fiscal, sempre tendo a noção de que o tributo suprimido não é do Governo, mas do interesse público e da sociedade, sua destinatária.

III. Na *colisão* entre a manutenção do direito à privacidade do contribuinte e a necessidade de romper o seu sigilo fiscal, cabe, no exame do caso concreto, requisitar os dados e provas existentes em *mãos* do fisco, porque prevalece o interesse social na elucidação das infrações penais e da arrecadação do crédito público desviado do erário. Também, considerando o aperfeiçoamento do Sistema de Informática do Fisco, que detém as mais variadas informações a respeito do investigado, não seria racional se os órgãos legitimados a defender a ordem tributária não pudessem se valer desse ferramental. Esta providência encontra fundamento na Constituição Federal – arts. 3º e 6º, dentre outros –, que preserva a livre iniciativa, a cidadania e a dignidade da pessoa humana; objetiva uma sociedade livre, justa e solidária; pretende reduzir as desigualdades sociais, erradicar a pobreza e promover o bem de todos; confere os direitos sociais à educação, à saúde e à segurança, etc. E, somente com os recursos públicos, tais valores serão atingidos.

IV. A investigação patrimonial, por meio da quebra do sigilo fiscal, é destaque no arcabouço jurídico brasileiro, pois as informações e documentos em poder da Receita Pública podem ser úteis para descobrir os fatos e assegurar a eficácia da futura condenação. Os agentes responsáveis pela investigação devem dispor de todos os meios de prova aptos para, no dizer de Malatesta,[51] impor sanções amparadas no conhecimento da realidade.

V. A prática tem demonstrado que esse método, embora constituído em excepcionalidade, deve ser empregado sempre que necessário e fundamentado em relevantes razões fático-jurídicas, que demandam pleno entendimento do *modus operandi* delitivo. A postura firme e eficiente de promover a quebra deve motivar a atuação investigatória, sem o que prevalecerá o sigilo fiscal em detrimento da materialização probatória dos fatos delituosos. Muitas vezes, a quebra do sigilo fiscal vem

---

[51] MALATESTA, Nicola Framarino Dei. *A Lógica das Provas em Matéria Criminal*, São Paulo: Bookseller, 1996, p. 637.

propiciar ou complementar outras investigações, como interceptações telefônicas, acesso ao sistema de informática, busca e apreensão, etc.

VI. O legislador, com a vigência da Lei n° 104/01, buscou estimular a autoridade fazendária a representar criminalmente ao Ministério Público, especificando esta hipótese em norma complementar como exceção ao seu dever de sigilo fiscal. Ele mostra, mais uma vez, ser a ordem tributária merecedora de ampla proteção e evidencia que apenas as medidas de natureza cível não são suficientes para inibir e reprimir as fraudes. Ou seja, o *aparelho estatal criminal*, se for necessário, deve ser acionado para restringir o direito de ir e vir do indivíduo.

VII. Os informes requisitados junto à Receita Federal, embora originários de procedimentos que tramitam na Justiça Estadual, devem ser remetidos à autoridade do Estado que tenha interesse nelas, bem como, se for o caso, os Fiscos Estaduais e Municipais não podem se furtar ao envio almejado pela Justiça Federal. O que se tutela, *in casu*, é o direito de acesso ao constante no órgão fazendário. A ordem do envio de informações fiscais, embora dirigida algumas vezes à Receita Federal, não tem o condão de deslocar a competência de investigação e processo da Justiça Estadual para a Federal, *ex vi* art. 109 da Constituição Federal.

VIII. O sigilo em análise, por ocasião da fase pré-processual, assim como acontece com a quebra de sigilo bancário, é um procedimento revestido de cautelaridade, sigiloso e inquisitorial, sem mister de contraditório, sob pena de prejuízo à investigação e/ou frustração da medida.

IX. Qualquer pessoa do povo que tiver conhecimento da existência de crime tributário poderá comunicá-lo ao Ministério Público ou à autoridade policial (art. 5°, §3°, do Código de Processo Penal). Tratando-se de autoridade, como é o caso do Agente Fiscal, porém, essa faculdade transmuda-se no dever de comunicar o fato criminoso. Se ela assim não procede, *corre o risco* de responder por omissão de comunicação de crime ou prevaricação, respectivamente art. 66 da Lei de Contravenções Penais e art. 319 do Código Penal, dependendo da presença de seus elementos tipificadores, e sem prejuízo da sanção de ordem administrativa.

X. O direito existe para ser aplicado às situações de convivência coletiva e, caso se constatem prejuízos ao erário, às investigações criminais e fiscais, ao oferecimento de denúncia do Ministério Público ou às decisões do Poder Judiciário, não se deve titubear de recorrer aos meios legais para fazer prevalecer o disposto em lei, não sendo conveniente e legítimo adotar-se, então, interpretações que só beneficiem o criminoso e sua impunidade.

Para que o Estado possa melhor atender os anseios sociais é preciso empregar adequadamente os recursos públicos, combater a corrupção, cautela na concessão de benefícios fiscais e, obviamente, arrecadar os recursos que lhe pertence, não deixando de enxergar o problema da evasão fiscal. Neste *passo*, acessar as informações fiscais em poder do Fisco enseja uma oportunidade ímpar para elucidar infrações penais pertinentes a uma criminalidade que se utiliza de meios astuciosos para ludibriar o Estado e os bons contribuintes, que honestamente recolhem a sua parcela de contribuição social à vida em sociedade.

XI. Pretender enfraquecer o Estado, fragilizando os poderes das autoridades constituídas, que precisam ter serenidade no exercício de suas atribuições, é tornar o povo refém do *banditismo* do *colarinho branco*, da miséria e das mínimas condições de vida digna. E os agentes da lei, mesmo conhecendo a árdua tarefa, não devem nunca desanimar de atuar contra a fraude fiscal e qualquer outra lesão ao erário, pois sabedores de que do recurso público está alguém a necessitar, seja empresário ou não... O crime tributário, portanto, é um mecanismo de negação de políticas públicas e o fim do sigilo fiscal, como estipulado na Lei Complementar n° 104/01, é mais um reforço para criminalizar os comportamentos lesivos à ordem tributária e resgatar os valores desviados do cofre estatal. Portanto, está correto dizer: *o tributo é o preço da liberdade.*[52]

XII. O crime tributário não é um "delito comum ou uma simples sonegação fiscal", pois, via de regra, o momento da sua consumação não é visível aos *olhos da comunidade* e esta, se dele chegar a ter conhecimento, só será muito tempo depois, quando os seus malefícios sociais já foram nela sentidos. Caracteriza uma grave afronta ao bem jurídico ordem tributária. Sua *alta* lesividade é difundida na sociedade e em montante de difícil contabilização. Inobstante não haja uma estatística oficial a respeito da extensão dessa macrocriminalidade, as cifras envolvidas nos casos que vêm a público são de deixar perplexos os agentes experientes e que com ela lidam diariamente. Percebe-se, então, o quanto é preciso evoluir em termos de consciência coletiva no cumprimento das obrigações fiscais e quanto, ainda, é preciso aperfeiçoar o sistema legal, de modo que os *cochilos do legislador* não sejam *aproveitados*. Também, a instrumentalização dos órgãos encarregados da prevenção e repressão

---

[52] TORRES, Ricardo Lobo. *Tratado de Direito Constitucional Financeiro e Tributário*, Rio de Janeiro: Renovar, 2005, p. 3.

ao erário, detentores do múnus da guarda dos mais sagrados direitos do Estado e do povo, contribui para uma melhor arrecadação tributária.

XIII. O Ministério Público, incumbido pelo constituinte de importantes funções institucionais, como o enfrentamento da criminalidade econômica, foi dotado de poderes e prerrogativas indispensáveis para essa missão, como a instauração e presidência do procedimento investigatório criminal e a inamovibilidade de seus Membros. Em razão do delineamento constitucional de defesa dos interesses sociais e indisponíveis, deve ser cada vez mais reafirmada sua independência na persecução penal. Isso, contudo, não dispensa a colaboração de outras instituições de Estado, como a Receita Pública, o Poder Judiciário e a Polícia, cada um desempenhando autonomamente seu mister. Também, o cidadão deve indignar-se com a sonegação fiscal e informá-la, com mais intensidade, às autoridades. Há muito mais por fazer. A trajetória percorrida testemunha fatos positivos que foram determinantes para a eficácia do Direito Penal Tributário. Este deve primar pela coibição de delitos de grande potencial ofensivo à sociedade, que quer o desenvolvimento econômico de modo harmônico e com a preservação das estruturas indispensáveis ao bem comum. O tributo é instrumento de manutenção da organização social. Assim, o acesso a informações reservadas é de fundamental importância para o Estado Democrático de Direito, que coexiste com o controle penal da ordem tributária pelos órgãos constitucionalmente legitimados.

Impressão:

Evangraf

Rua Waldomiro Schapke, 77 - P. Alegre, RS

Fone: (51) 3336.2466 - Fax: (51) 3336.0422

E-mail: evangraf.adm@terra.com.br